LEONARDO MENDOLICCHIO

L'amore è un sintomo

I paradossi dell'amore e del sesso in un mondo che cambia

SOLFERINO

SOLFERINO

www.solferinolibri.it

Pubblicato in accordo con Grandi & Associati, Milano

ISBN 978-88-282-1495-3
Prima edizione: marzo 2025

L’amore è un sintomo

Ad Amelia:
i gatti hanno più di qualcosa
da insegnare sull'amore

Né se l'uomo cerchi rifugio presso la persona ch'egli ama – egli potrà saziar la sua fame: non baci, non amplessi o quante altre dimostrazioni l'amore inventi li potranno compenetrare l'uno dell'altro. Saranno sempre due, e ognuno solo e diverso di fronte all'altro.

Carlo Michelstaedter[1]

Prefazione

Non riesco a capire:
le cose continuano a finire.
Il filosofo, Stefano Benni

A conti fatti, non c'è mai stato un momento nella storia dell'umanità in cui sia stato più facile essere felici. Viviamo a lungo, abbiamo antidolorifici e antibiotici, qualunque informazione è a portata di mano e un'infinita serie di interessi sono pronti a catturarci.

Certo, gli scenari sul futuro sono inquietanti e tanti di noi preconizzano l'estinzione del genere umano, ma le nostre vite personali dovrebbero essere più serene di quelle dei nostri nonni. Se non altro, non facciamo che dire che la salute mentale è una priorità, ci chiediamo di continuo quali siano i nostri autentici desideri e se ci stiamo prendendo abbastanza cura di noi.

Eppure – siamo sinceri – non siamo più felici rispetto al passato. È un paradosso: siamo spinti all'ossessione costante e profonda verso la nostra crescita personale, e il rapporto con l'amore e la sessualità sembra diventato estremamente complicato. Conosco pochissime persone che possano dire di vivere relazioni amorose serene e appaganti, e sono abbastanza sicura che anche tu che stai leggendo abbia raccolto una simile casistica. Qual è la ragione? Perché sta accadendo proprio adesso? È sempre stato così, o in un certo senso abbiamo perduto qualcosa?

Molti danno la responsabilità all'ansia generale per la trasparenza totale, per lo svelamento di ogni segreto, per la mappatura di ogni territorio emotivo. Come se l'amore potesse essere addomesticato attraverso una comprensione esaustiva dei suoi meccanismi, come se la felicità amorosa fosse una questione di controllo e prevedibilità. Forse fa parte del processo di sentimentalizzazione della società, come sostiene Eva Illouz: a forza di parlare a ogni pie' sospinto di sentimenti, i sentimenti sono spariti e le emozioni sono diventate fredde. Una razionalizzazione generale dell'epoca moderna, che infine ha investito anche l'amore.

Siamo diventati consapevoli che, come scrive Anthony Giddens, «la maggior parte delle civiltà sembra aver creato storie e miti per ribadire che coloro che cercano un legame permanente attraverso l'amore passionale sono condannati» e le storie di Cathy e Heathcliff, Tristano e Isotta, Romeo e Giulietta non sono più desiderabili. L'amore romantico che strappa i capelli ci fa paura, non lo vogliamo più, ma che altro ci rimane?

Sempre Giddens sostiene che negli ultimi decenni sia avvenuta una ristrutturazione dell'intimità: le persone hanno iniziato a desiderare un legame basato sulla parità sessuale e sentimentale, che può esaurirsi e terminare nel momento in cui una parte lo decida, senza violenze e forzature, e ha chiamato questo costrutto «relazione pura». Si tratta, però, di una visione che ha incontrato molte critiche, forse perché si scontra con la realtà delle cose: non sembra affatto che le relazioni siano diventate più paritarie, e di certo non sono diventate più felici. Tutt'altro: sembrano più fragili, più vulnerabili, più esposte al decadimento. Del resto, applicare l'idea di «purezza» alle relazioni non sarebbe neppure auspicabile.

In questo libro, Leonardo Mendolicchio prova a guardare nell'abisso e a sollevare degli interrogativi disturbanti. Perché ora che pare tutto chiaro – i rapporti tra i generi, la molteplicità delle identità, le red flag delle relazioni – la qualità della vita non sta migliorando, anzi. È in questi momenti, in genere, che la psicanalisi – un po' come la filosofia – rimescola le carte e solleva il dubbio: e se il punto centrale non l'avessimo comunque ancora compreso? Se la paura del misterioso ci avesse portato a sterilizzare le relazioni e la loro tensione? Abbiamo perso il dionisiaco, forse, e l'apollineo ci è giustamente venuto a noia.

Questa ricerca spasmodica di chiarezza nasconde infatti un paradosso: più cerchiamo di illuminare ogni angolo dell'esperienza amorosa, più ci sfugge la sua essenza più profonda. L'amore, per sua natura, abita gli spazi d'ombra della nostra esistenza e rimane sempre ineffabile. Abbiamo provato a misurarlo, ed è sparito tra le nostre dita.

Sono abbastanza sicura di aver letto anni fa una frase di Carl Gustav Jung sui sogni – che ora non riesco a trovare – in cui lo psichiatra diceva qualcosa che nei miei ricordi ho riassunto così: se riesci a interpretare un sogno in modo chiaro, limpido, lucido, comprendendone l'esatto significato, in verità non hai capito niente. I sogni, l'amore, la nostra identità richiedono l'arte di maneggiare il mito e il simbolo, più che la misurazione. Sfuggono alla razionalità, al giudizio esatto e alla verità ultima.

L'amore è un sintomo ci ricorda tale necessità. In questo senso, l'educazione sentimentale a cui Mendolicchio fa riferimento non è una razionalizzazione di ogni pulsione umana: al contrario, è un invito a riscoprire la profondità generativa del non-sapere, una certa sacralità dell'incertezza. In un'epoca in cui ogni esperienza umana viene sottoposta al microscopio dell'analisi razionale, recuperare la dimensione del mistero diventa non solo un atto di resistenza culturale, ma una necessità esistenziale.

Come sintomo, l'amore ci rivela qualcosa di noi stessi che altrimenti resterebbe nascosto. Ma sta a noi il coraggio di lasciarci attraversare da questa rivelazione senza cercare di ridurla a qualcosa di già noto. In questo senso, *L'amore è un sintomo* non è solo un libro sull'amore, ma un invito a ripensare il nostro rapporto con quella parte dell'essenza umana che non può essere completamente illuminata dalla ragione.

Io non so, devo dirlo, se sono d'accordo con tutte le posizioni espresse in questo libro. Alcune idee mi trovano d'accordo, altre no, su altre il mio giudizio è ancora sospeso. Eppure, credo che non possa esistere convinzione su cui sia sbagliato porre un punto di domanda, sia a livello intimo sia a livello pubblico. E credo, purtroppo, che stiamo progressivamente rinunciando a farlo, anche per paura di essere aggrediti o equivocati. In questo modo, però, rinunciamo a comprendere meglio, a dire meglio quello che pensiamo, a intuire un po' di più quanto sia vasto lo scenario di tutto ciò che non abbiamo ancora capito.

Perché anche nella lettura, in effetti, oggi non si fa che cercare la medesimezza, la sovrapposizione totale delle posizioni, la conferma di essere nel giusto: leggo solo ciò che mi ripete che ho ragione, che mi dice che sto facendo bene, perché chi ha un'idea diversa dalla mia è del tutto fuori strada. Si tratta di una rinuncia al pensiero critico, e in fondo credo che questo sia lo spirito del libro che hai tra le mani: nell'amore, come nell'esercizio del pensiero, c'è sempre una tensione che viene dal bisogno di entrare in contatto con l'ignoto, con ciò che sfugge al già conosciuto. Un desiderio che, in fondo, è sempre erotico, e che oggi sembra destinato all'erosione.

Mendolicchio con questo libro ci spinge a dire che non è davvero così, che l'amore non ha abbandonato il mondo e che è possibile sperimentare qualcosa che sia libero dalle costrizioni del passato ma ancora carico di eros.

E che, tutto sommato, è ancora davanti ai nostri occhi.

Maura Gancitano

Seppur siano vere le loro esperienze qui riportate, tutti i nomi dei pazienti sono di fantasia.

Introduzione

La celebre massima di Spinoza, «Non ridere, non piangere né detestare ma (cerca solo di) capire», ci invita a un esercizio di profonda umanità: quello di trascendere le ovvietà che spesso si ascoltano sul tema dell'amore, per giungere a una comprensione autentica e reale di questo sentimento e, in generale, delle nostre passioni. Questo libro nasce con l'ambizioso intento di esplorare l'amore non come un'esperienza da subire o celebrare superficialmente, ma come un mistero complesso da indagare, da dispiegare nel suo significato più profondo.

Nell'era dell'iperconnessione, dove le relazioni sembrano esser definite da rapidità e istantaneità, essere capaci di riflettere veramente sull'amore risulta un atto rivoluzionario. Ci imbattiamo continuamente in rappresentazioni distorte, semplificate o spettacolarizzate dell'amore, in cui l'essenza di questa esperienza si perde in cliché e stereotipi. Tuttavia, l'essenza stessa dell'amore, colta per secoli da poeti, artisti e filosofi richiede un'attenzione contemplativa.

Intraprendere il cammino della comprensione significa coltivare il coraggio di fermarsi e domandare: che cos'è davvero l'amore? Come ne parliamo oggi? Come mai è diventato un affare partitico? È una questione cruciale che va oltre il riso facile, le lacrime effimere e un certo disprezzo verso le opinioni non semplificate. Leggere questo libro richiede la disposizione a guardarsi dentro, a interrogare le proprie convinzioni, le proprie paure, e avere la possibilità di aprirsi allo stupore. L'amore, in questo senso, diventa non solo un atto reciproco inteso a colmare bordi di solitudine, ma una sfera misteriosa in cui comprendiamo noi stessi attraverso l'altro.

Con questo libro, vi invito a esplorare e affrontare le molteplici manifestazioni dell'amore – le sue gioie, le sue difficoltà, le sue contraddizioni e i suoi misteri. Più di uno sguardo accademico, vi porgo un saggio psicoanalitico inteso a stimolare il pensiero critico e a evocare un dialogo interno che, ci auguro, possa trascendere le comuni interpretazioni. È il mio personale invito ad avvicinarsi all'amore con la curiosità e la pazienza del conoscitore, che cerca non di conquistare delle certezze, ma di conoscere profondamente.

È così che oggi cito Spinoza, e con lui, spero approderete a nuove e profonde considerazioni sulla natura essenziale e sublime dell'amore.

Iniziamo dunque questo viaggio.

«Qualche anno fa sul lettino dell'analista c'erano numerosi pazienti che soffrivano di svariate forme di impotenza sessuale o di frigidità, in un contesto in cui l'oggetto sessuale era in genere amato e sopravvalutato – "L'amo; eppure, non posso fare l'amore con lei". Oggi ci sono sempre più persone che dicono: "Faccio l'amore con lei, ma non la amo".»[2]

Questa frase, scritta dall'importante psicoanalista neozelandese Joyce McDougall nel suo splendido libro *A favore di una certa anormalità*, ci mette in guardia dalla normalizzazione dei vissuti sessuali e di quelli amorosi, sottolineando come nella nostra società il rischio di conformismo sia in modo paradossale molto alto, nonostante l'apparente estrema libertà sessuale e sentimentale.

Pensate di vivere nella società con la maggior libertà di costume sessuale della storia? Io invece sono convinto del contrario: dopo anni di pratica clinica e incontri ed esperienze sul campo, sono arrivato alla conclusione che i livelli di emancipazione sessuale siano rimasti ai tempi della società previttoriana. Ma non è solo il sesso a essere problematico: a dover essere messo a tema, oggi, è proprio l'amore, che per troppi resta a volte incomprensibile, a volte invivibile, spesso necessariamente evitabile.

Come vedremo, viviamo nell'epoca in cui i divorzi superano i matrimoni e in cui i trentenni consumano sempre meno rapporti sessuali rispetto ai loro coetanei delle generazioni precedenti; di sicuro, qualcosa c'è sfuggito di mano.

Perché, allora, un ennesimo libro sull'amore e sulla sessualità? Perché rischiare su un terreno così friabile e pieno di luoghi comuni e di *déjà vu*? Cosa altro c'è da dire sull'amore e sul sesso, che non sia stato già detto?

La scommessa, mia e di questo libro, è proprio questa: tentare di dire parole sull'amore che non solo siano nuove, ma anche *continuamente nuove*, adatte cioè a comprendere e spiegare quest'epoca di così grandi crisi e cambiamenti.

Come fare la differenza, allora, nell'affrontare la «questione» amorosa? Cambiando il punto di partenza.

Il mio è quello del medico psichiatra, psicoanalista che da più di quindici anni ha avuto il privilegio di ascoltare il disagio di molte persone, soprattutto donne (occupandomi di anoressia e bulimia), madri, nonne, adolescenti.

Ho potuto ascoltare almeno tre generazioni anche sul tema dell'amore, della sessualità, dei corpi, degli ideali.

Ho potuto osservare la lenta e progressiva deresponsabilizzazione sulla formulazione e divulgazione di «slogan» sempre più chiari e impattanti sull'amore, sulla sessualità, che sono diventati mantra diffusi da talk, giornali, social e che diventano ritornelli nella testa delle persone, tanto da poter influire sui loro modi di vivere.

L'anoressia, ad esempio, mi ha insegnato questo: il valore della responsabilità su quello che si pensa, su quello di cui si parla e su quello che si trasmette. Per quanto antipatico e doloroso possa essere, bisogna avere il coraggio di ammettere che spesso i nostri figli traducono in disagio i discorsi sociali di cui si nutrono e che, quando non capiti o spiegati nel modo corretto, possono risultare indigesti o pericolosi.

Ci sono discorsi sull'amore e sulla sessualità che possono essere introiettati dalle persone segnando i loro conflitti inconsci? Per quanto ho potuto ascoltare e capire direi di sì.

Questo libro vuole instillare il sano dubbio sui pensieri, le parole e gli atti che noi viviamo sull'amore e sulla sessualità.

L'amore è un sintomo anche per questo, ovvero perché ci consente di usare il sano esercizio del dubbio su come vediamo e affrontiamo la vita, spingendoci a viverla in un modo più profondo, più sensato e più responsabile. In una società dove spesso si confondono la difesa dei diritti con la difesa degli slogan, la rappresentanza sociale delle diversità con le scaramucce partitiche o ideologiche, dove l'opinione si eleva al rango di verità, l'amore ci trascina a vedere le cose da una prospettiva laica, reale e obiettiva; l'amore oggi è un sintomo sociale perché ci trascina a guardare dritto negli occhi i paradossi stridenti e patogeni del nostro tempo.

Ai blocchi di partenza troverete una domanda: quando parliamo d'amore, da che punto di osservazione lo facciamo? Ma soprattutto: siamo consapevoli degli effetti di queste parole?

Esiste sempre una responsabilità soggettiva, ma anche sociale quando si parla di disagio psichico, e questo non dovremmo mai dimenticarlo.

Spesso parliamo di amore e sessualità con il piglio di chi vuole sminuire l'importanza di tali aspetti nella nostra vita, oppure con quello dell'appassionato difensore dei diritti delle cosiddette minoranze, oppure con quello del maschio impenitente intriso di machismo o quello della donna che sente costantemente il bisogno di difendersi.

Di fatto si parla tanto di amore e sessualità ma probabilmente non abbiamo la consapevolezza degli effetti di questo parlare su di noi e sull'Altro. L'amore non può prescindere dalla responsabilità, mai, così come la sessualità non potrà mai essere relegata solo a una questione ideologica.

Domandatevi sempre, continuamente, mentre dissertate d'amore con voi stessi, con un amico, con l'amante, di chi è la voce che parla.

L'amore è un sintomo non solo per la società, ma soprattutto per noi stessi, per gli individui presi singolarmente e nella loro irripetibile esistenza. Perché cambia vestito ogni volta che cambia la nostra realtà psichica e di vita e cambia pelle alla luce delle innumerevoli capovolte esistenziali che inevitabilmente vivremo. L'amore è un sintomo perché è incoerente, o meglio *mai* coerente.

Ma di cosa sarebbe sintomo l'amore?

Nella psicoanalisi, il concetto di «sintomo» assume un'accezione specifica e complessa, che differisce dai significati standard utilizzati nella medicina tradizionale. Viene interpretato come una forma di espressione simbolica che ha lo scopo di proteggere la persona dal dolore o dalla responsabilità di fronte a contenuti emozionali scomodi o disturbanti.

Per Freud, i sintomi psichici sono il risultato di conflitti tra pulsioni inconsce che vengono represse dalla coscienza. Tali conflitti spesso riguardano desideri considerati inaccettabili o tabù. I sintomi non sono semplicemente manifestazioni di problemi fisiologici. Hanno soprattutto un significato simbolico: rappresentano il compromesso tra il desiderio inconscio e la censura esercitata dal Super Io. Ad esempio, un sintomo come un attacco di panico può simboleggiare un'ansia repressa che trova espressione in una forma mascherata.

Per Lacan, il sintomo è legato al linguaggio e alla struttura del soggetto. Egli riformula il sintomo come una parola non detta, un messaggio cifrato che richiede decodificazione. Il sintomo è quindi una forma di ritorno del reale e svela qualcosa della verità dell'individuo che non può essere totalmente articolata nel linguaggio.

In psicoanalisi, il concetto di sintomo ha un significato molto specifico e profondo. Essenzialmente, il sintomo viene considerato una manifestazione esterna di un conflitto interno. Secondo Freud il sintomo rappresenta un «compromesso» tra la pulsione inconscia e i meccanismi di difesa dell'Io.

Su questo punto insisterò molto in questo libro, ovvero sull'amore come «compromesso» tra alcune realtà profonde della nostra esistenza.

Immagino che il concetto di amore come compromesso vi faccia rabbrividire, visto che siamo stati cresciuti ed educati all'amore come libertà, come passione, come impeto irrefrenabile. E senza compromessi.

Ne sono consapevole, ma in questo libro voglio tentare di dare un impulso a una riflessione che porti a comprendere cosa significhi *per voi* l'amore, non solo sulla base del significato culturalmente e storicamente accettato dagli altri.

L'amore ci tiene in piedi, permettendoci di trovare un accordo tra le nostre parti che spesso si accapigliano, e ha anche un aspetto razionale e logico proprio perché ha una delle sue nature nel compromesso.

Il sintomo, inteso dalla prospettiva della psicoanalisi, può inoltre manifestarsi in diversi modi, come ad esempio attraverso ansie, fobie, ossessioni, disturbi somatici o comportamenti disfunzionali. Queste manifestazioni rappresentano sempre una via di fuga per l'inconscio: il modo in cui esprime i desideri rimossi o le emozioni recondite.

Vi vedo sobbalzare di nuovo mentre leggete: ma come, l'amore come fuga?

Ebbene sì, e azzarderei anche che sono certo che l'amore vi ha consentito di allontanarvi da questioni esistenziali che probabilmente avrebbero potuto farvi impazzire. Provate a pensarci: quante volte vi siete innamorati proprio nei momenti più complicati della vostra vita?

Nella psicoanalisi, il sintomo viene interpretato come una forma di espressione simbolica che ha lo scopo di proteggere la persona dal dolore o dalla responsabilità di fronte a contenuti emozionali scomodi o disturbanti.

Il sintomo, quindi, diventa un punto di partenza per l'indagine e la comprensione della realtà profonda di noi stessi: ci permette di raggiungere una migliore consapevolezza di sé. L'amore è un sintomo, quindi, ed è un sintomo scomodo e difficile, altro che panacea romantica per la nostra vita.

Paolo Sorrentino, in uno dei suoi primi capolavori, ce ne dà una dimostrazione.

Le conseguenze dell'amore affronta tematiche profonde legate alla solitudine, al senso di colpa e alla ricerca di redenzione di Titta Di Girolamo, il protagonista della storia. È un uomo solitario e riservato che trascorre le sue giornate in un anonimo hotel svizzero, immerso in un'atmosfera di freddezza e distacco. È un calcolatore, estremamente abitudinario anche nella sua unica evasione, che risulta in realtà del tutto programmata: da ventiquattro anni, ogni mercoledì si inietta eroina per poi, una volta all'anno, sottoporsi a un costoso procedimento di lavaggio completo del sangue.

La sua routine quotidiana viene improvvisamente interrotta dall'incontro con Sofia, una ragazza che suscita in lui sentimenti contrastanti e lo spinge a confrontarsi con il suo passato e con le scelte che ha compiuto.

Il film si apre alla seconda fase narrativa quando Titta decide di compiere un gesto nei confronti di Sofia, cercandola al lavoro e affermando a se stesso «Forse sedermi a questo bancone è la cosa più pericolosa che ho fatto in tutta la mia vita», frase che segna la decisione di Titta di aprirsi alla scoperta dei suoi sentimenti per Sofia e di fatto di portare alla luce il suo fantasma più importante: la paura di non essere amato.

Nella seconda parte del film vengono rivelate alcune verità sconvolgenti sul passato di Titta, che spiegano la sua decisione di isolarsi e condurre una vita così precisa e controllata. Questi retroscena offrono lo spazio per una riflessione profonda sulle conseguenze delle proprie azioni, sui rimpianti e la ricerca di redenzione.

Apertosi all'amore cambia il piano della sua vita, racconta scandalose verità sul suo lavoro di intermediario con la mafia, decide di regalare una macchina costosissima a Sofia che la rifiuta e, in preda al malumore, si inietta una dose di eroina in un giorno diverso dal solito. Sofia lo scopre in camera e gli chiede il motivo di quel folle regalo. Titta risponde: «Cosa devo dire? Che ne so? Che cosa si dice in questi casi? Io sono un commercialista».

Questa fase del film finisce con l'invito di Titta a festeggiare con lui il suo cinquantesimo compleanno, incontro al quale Sofia non si presenterà.

Titta la aspetta a lungo ma, a un certo punto, si alza bruscamente dal divano e va a pagare la retta della sua camera al direttore che, sorpreso, gli fa notare che non è il giorno giusto. Titta risponderà al suo interlocutore in modo incongruo ma profondo rispetto al suo momento: «Non sono mai stato amato da nessuno, io».

Con questa lapidaria affermazione, non solo Titta esprime una dolorosa convinzione che un'altra volta gli viene confermata, ma va incontro anche all'ultima fase del suo cambiamento, quella finale: ribellarsi a Cosa Nostra, rea di avergli rubato la vita. Titta decide infatti di non restituire alla mafia dei soldi e paga con la morte il suo silenzio, un silenzio stavolta non passivo, ma fermo nel proposito di non essere più soggetto a comandi esterni, riappropriandosi così del suo volere.

Titta muore convinto che nessuno lo abbia amato, ma in realtà lo spettatore scopre che Sofia ha mancato l'appuntamento perché ha avuto un incidente d'auto. Non saprà mai, e noi con lui, se Sofia lo avrebbe amato.

Paolo Sorrentino, con l'acuta e sottile capacità metaforica che lo contraddistingue, ci insegna che l'amore è un sintomo che porta alla verità, alla propria verità e alle sue più estreme conseguenze.

L'amore è un viaggio incoerente tra i propri conflitti e conduce inesorabilmente alla nostra più intima verità.

Forse questo è uno dei motivi per cui oggi l'amore patisce, si vive una sessualità aperta e apparentemente libera e immediata, ma si fa fatica ad avere un legame davvero profondo con qualcuno, proprio perché, tra le conseguenze dell'amore, c'è quella di poter toccare la parte più vera e indicibile di sé.

Questo libro sarà per me, quindi, il tentativo di condividere il viaggio che separa una partenza dalla meta, la linea rossa che divide i sintomi dalla verità, il nesso che collega ciò che si dice dell'amore con ciò che ci insegna l'amore, per quanto scandaloso questo insegnamento possa essere.

E non sottovaluterei l'aspetto conflittuale che ricopre l'amore per la società contemporanea, non solo il suo aspetto più intimo per l'individuo. Ha sempre colpito la mia attenzione l'ansia che oggi viviamo nel dover necessariamente dare un nome alle forme di amore: sapioamore, poliamore, toliamore...

Nella società dove tutto deve essere incasellato e intellegibile, il dare un nome all'innominabile sembra essere il vero emblema di un meccanismo di difesa sociale molto acuto e pervasivo. Dobbiamo obbligatoriamente rendere intellegibile e nominabile qualsiasi aspetto del reale.

Sull'amore questa operazione è molto pericolosa, oltre che inquietante. Stiamo sottraendo il mistero all'amore e al sesso. Stiamo estremizzando gli aspetti razionali di un aspetto della vita che è, in quanto tale, irrazionale, inconscio, indecifrabile. Stiamo intellettualizzando l'amore e la sessualità togliendo loro quello che li rende ciò che sono: l'eros e il mistero.

Non pensate che questa sia l'accusa generica che un intellettuale con retrogusto nostalgico pone alla società progredita, che io cerchi nel ritorno al passato un riscatto per un futuro indigesto. La mia è la prospettiva di uno psicoanalista che si domanda come mai oggi si soffra *ancora* per amore. Nella società dove gli incontri si programmano attraverso l'algoritmo, dove il *dating* sostituisce il corteggiamento con le sue ansie, i suoi sospiri, i suoi patemi, i suoi successi e i suoi deliri, e la logica del «match» ingurgita e mastica il mistero, io mi domando ancora se ciò che tiene assieme due individui per un tempo lungo non sia semplicemente, tuttora, un enigma indicibile.

Dante Alighieri racconta il suo incontro e il suo innamoramento per Beatrice nella *Vita Nova*, un capolavoro poetico, un'autobiografia spirituale e sentimentale di un uomo del Trecento che ancora ci parla.

Afferma di aver visto per la prima volta Beatrice quando erano entrambi molto giovani; lui aveva nove anni e lei otto. Dante descrive il suo amore in maniera estremamente pura e ideale, un sentimento che nacque in quell'istante e che, pur rimanendo spesso non ricambiato nel corso della vita, divenne una forza spirituale dominante nella sua esistenza.

Nella *Vita Nova*, Dante racconta anche un secondo incontro che avvenne nove anni dopo il primo. In questa occasione Beatrice, vestita di bianco, salutò Dante per strada. Questo gesto, sebbene semplice, accese in lui una passione ancora più profonda.

Altro che *dating* e *matching*. Un saluto di un attimo: ecco il mistero dell'amore al quale siamo tutti inesorabilmente ancora esposti, nonostante il mondo intorno a noi produca a getto continuo parole nuove per infilare questo mistero in misere caselle razionali.

State pensando che la sessualità se la passi meglio? Che siamo almeno più liberi di fare l'amore, che siamo liberi da pregiudizi? Mi dispiace deludervi ma qui la faccenda prende connotati se possibile ancora più inquietanti.

A tal proposito condivido con voi un elenco, del tutto parziale, dei vari modi con cui si può descrivere una identità di genere:

1. Cisgender: persona la cui identità di genere corrisponde al sesso assegnato alla nascita in base ai suoi organi genitali.
2. Transgender: persona la cui identità di genere è diversa dal sesso assegnato alla nascita in base ai suoi organi genitali.
3. Transessuale: persona transgender che si sta sot-

toponendo o si è sottoposta a una riassegnazione chirurgica della fisica di genere.
4. Non-binary: persona che possiede più di un'identità di genere, contemporaneamente o in diversi momenti.
5. Genderqueer: persona la cui identità di genere non combacia con il sesso attribuito alla nascita e non si incastra nelle categorie di maschio/femmina.
6. Agender: persona che non si identifica con nessun genere.
7. Genderfluid: persona la cui identità di genere può variare nel tempo o a seconda delle circostanze.
8. Bigender: persona che si identifica con due generi, che possono essere tra loro combinati in vari modi.
9. Polygender: persona che si identifica con più di due generi.
10. Demiboy: persona che sente una connessione mista ma principalmente maschile con la mascolinità.
11. Demigirl: persona che sente una connessione mista ma principalmente femminile con la femminilità.
12. Pangender: persona che si identifica con molti o tutti i generi.
13. Two-Spirit: identità culturale specifica di alcune comunità dei nativi americani che integra caratteristiche sia del genere maschile che di quello femminile.
14. Hijra: sebbene specifico della cultura asiatica meridionale, è un termine riconosciuto per perso-

ne che non si riconoscono nei generi binari di maschio e femmina.
15. Gender non-conforming: persona che non aderisce alle aspettative sociali tradizionali legate al genere.
16. Androgino: persona che possiede una miscela di caratteristiche maschili e femminili, o che esprime un'identità di genere non specifica.
17. Neutrois: identità di genere neutra.
18. Maverique: identità di genere distinta dalle categorie binarie di maschio e femmina, così come dalla neutralità del genere.

Con l'ansia dell'inclusione e della non discriminazione, stiamo creando categorie che rischiano ancor di più di creare comunità «ai margini». Certo ci sarà chi si gioverà di avere maggiori cluster di clienti ai quali vendere prodotti, trucchi, stili di vita, viaggi esperienziali e via enumerando. Ma sarà questa infinita opera di dare un nome alla propria identità a sconfiggere le discriminazioni?

Sarà un nome a garantirci la libertà di fare l'amore con chi ci pare e come ci pare?

Sarà un nome che ci renderà più liberi?

L'amore è un sintomo per una società che vuole escludere il mistero che c'è dietro ogni singola vita. Tutto deve essere chiaro, esplicito, nominabile. Tutto deve avere un senso condivisibile.

Nella società secolarizzata e senza mistero, l'amore è un'interessante provocazione che resiste all'opera colossale di intellettualizzazione della vita.

L'amore è il sintomo di una società che perde il mistero. L'ossessione per una vita che vada oltre il mito della caverna di Platone, il cielo stellato di Kant, il concetto di fede delle grandi religioni o la ricerca sulla fisica iperquantistica: il senso del mistero viene sempre più allontanato dalla nostra vita. Nessuna domanda su chi siamo, dove andiamo e cosa diventeremo. Solo razionali evidenze esistenziali.

Come direbbe il teologo Dietrich Bonhoeffer: «Vivere senza mistero significa non saper niente del mistero della nostra stessa vita, del mistero dell'uomo, del mistero del mondo, significa non dare importanza all'altro uomo e al mondo, significa restare in superficie. Significa prendere sul serio il mondo solo quel tanto che può essere gettato al calcolo e sfruttato, non risalire indietro rispetto al mondo del calcolo e dell'utilità. Vivere senza mistero significa non vedere assolutamente i fatti decisivi della vita o addirittura negarli».[3]

Affrontare il mistero dell'essere è riconoscere che l'essenza delle cose non si può catturare nelle nostre categorie razionali. In un certo senso, vivere è misterioso, vivere è interagire sempre con il mistero: ogni atto, ogni scelta e ogni pensiero implicano il confrontarsi con ciò che è al di là di noi stessi. Il mistero dell'essere ci invita all'umiltà e alla consapevolezza della nostra limitatezza, spingendoci al tempo stesso verso una più profonda ricettività alla meraviglia e all'apertura.

Questa dimensione del mistero ha anche una valenza esistenziale. Una volta che ci si rende conto del mistero dell'essere, si può sperimentare una forma di inquietudine, una tensione tra la ricerca di comprensione e il riconoscimento dell'incomprensibilità ultima dell'essenza. Questo libro vuole rappresentare un esercizio per resistere davanti a questa inquietudine senza aver l'impeto di fuggire, sapendo che l'amore ci insegnerà come accogliere il mistero della vita.

1
La grande bufala: àmati

Àmati. È imperativo il luogo comune che ci avvolge quando si parla del rapporto che abbiamo con noi stessi. Amarsi, volersi bene, aumentare l'autostima: davanti a queste formule magiche io smetto di ascoltare e mi concentro sul sardonico sorriso di chi le pronuncia. Sembra che stia lì per prendermi, per *prenderci* in giro. Ma perché mai dovremmo imparare ad amarci se l'amore è inderogabilmente un meccanismo a due, se non addirittura collettivo?

Perché mai il discorso sociale, nonché una certa psicologia «pop» che collude con una sottocultura che potremmo definire populista (nel senso che alimenta e consolida istinti) dovrebbe inneggiare all'amore verso di sé? Siamo davvero convinti che la ricetta per vivere meglio, per lenire le nostre angosce e sofferenze, per trovare l'armonia e la felicità, sia amarsi?

Àmati è un modo di raccontare l'amore emblematico della nostra società: viscido e ingannevole, perché scambia il concetto di amore per qualcosa di molto diverso.

Ma da dove origina questa bislacca teoria e spinta socioculturale?

Partiamo da Narciso e dal suo mito, una famosa metafora della mitologia greca che racconta la triste sorte di un giovane avvenente, ma arrogante e insensibile verso gli altri. Il tema dell'insensibilità agli altri è centrale nel narcisismo, per cui tenetelo a mente.

Secondo la leggenda, Narciso era figlio del dio Cefiso e della ninfa Liriope. La vicenda prende avvio quando un giorno, spinto dalla curiosità, il ragazzo si avventura nei boschi e si imbatte in una sorgente d'acqua cristallina. Nel riflesso dell'acqua, Narciso rimane tanto colpito dalla sua stessa immagine da innamorarsene perdutamente.

Affascinato e palpitante, rimane incantato di fronte alla propria bellezza riflessa nello specchio d'acqua e si rifiuta di allontanarsene, trascurando tutto il resto. Trascorre giorni fissando il suo riflesso, lasciando che la sua vanità e il suo ego dilaghino senza controllo. Durante questo periodo, Narciso rifiuta qualsiasi forma di affetto o di sentimenti per chiunque si avvicini a lui, compresi gli innamorati e gli adoratori. Anche questo punto è da tenere a mente: Narciso, in preda all'innamoramento per se stesso, compie l'atto deliberato di rifiutare i sentimenti verso l'esterno e verso gli altri.

Gli dei, vedendo questa situazione disastrosa, decidono di punirlo per il suo egoismo e per il disprezzo nei confronti delle persone. Nemesis, la dea della vendetta, gli infligge una punizione proporzionata alla sua arroganza: fa sì che Narciso giaccia innamorato del proprio riflesso nell'acqua, non riuscendo a distogliere lo sguardo da se stesso. Fino alla fine, Narciso rimarrà a contemplare la sua stessa immagine, incapace di soddisfare il suo desiderio inesauribile.

La contemplazione statica e immutevole del narcisismo è un altro elemento da sottolineare, ben descritto da una magistrale opera del Caravaggio realizzata tra il 1597 e il 1599 – il *Narciso* per l'appunto.

Caravaggio lo ritrae nel momento culminante della storia, quando Narciso si rende conto della sua condizione e decide di morire; è sdraiato sul terreno con gli occhi socchiusi, sembra svenuto. Il corpo è nudo, la pelle marmorea risalta contro il buio sfondo della tela; Narciso è circondato da vegetazione lussureggiante, un ruscello sereno riflette luminosamente il suo volto.

L'uso magistrale della luce e dell'ombra, tipico dello stile chiaroscurale del pittore, contribuisce a mettere in rilievo l'espressione di dolore e consapevolezza sul volto di Narciso nel momento in cui si accorge della sua ineluttabile situazione di amore impossibile. Le labbra socchiuse e il mento proteso, come a esprimere una bramosia nel voler baciare e toccare la sua immagine, la fronte corrugata nell'attesa di un cenno e con lo spasmo di chi arde dal desiderio, lo sguardo socchiuso e segnato dall'ombra, che restituisce la cocente delusione per il silenzio che circonda il pathos di quella potente raffigurazione.

Narciso interroga la sua immagine. Può questa corrispondere il suo amore? Può quella parte riflessa di sé diventare l'interlocutore delle sue passioni e dei suoi desideri? Un'immagine di noi stessi può rispondere al nostro amore appassionato?

Silenzio. Solo silenzio proviene dello specchio, dal riflesso d'acqua.

Nel momento in cui Narciso si rende conto che il suo riflesso nella sorgente non può restituire il suo amore e il suo desiderio avverte una disperazione profonda e agghiacciante. Così, si lascia cadere nell'acqua e muore annegato.

Le ninfe, avvezze a capire le sofferenze dei mortali, piangono la sua scomparsa e trasformano il suo corpo in un fiore bianco e profumato che prenderà il suo nome: il narciso, che cresce vicino alle sorgenti d'acqua e rappresenterà per sempre il dolore e il rimpianto per l'amore non corrisposto.

Eccola, una plastica e antica rappresentazione di ciò che significa amarsi.

Se sino a oggi pensavate che il narcisismo avesse la sua peculiare pericolosità nell'esaltazione della bellezza di sé, allora è arrivato il momento di cambiare idea. Narciso non è solo accecato dalla sua bellezza, è soprattutto sordo al richiamo degli altri, è refrattario all'alterità. Vedremo bene come questo meccanismo sia tipico del narcisismo maschile, ma si rintraccia anche in quello femminile.

La storia di Michela lo esprime a chiare lettere.

Michela è una donna di quarantadue anni affetta da una forma ciclica di depressione che ho seguito in terapia per circa cinque anni. Sua mamma aveva dovuto abbandonare il contesto originario, ricco e agiato, per seguire colui che sarebbe diventato il futuro papà di Michela. La donna però, dopo qualche anno, si era accorta che quella nuova condizione di moglie lontana dalle sue origini altoborghesi era diventata una prigione piena di sofferenza. Il rimpianto era divenuta la sua cifra esistenziale e aveva trasferito questa nuova ansia di amarsi su sua figlia, per evitare che Michela commettesse il suo stesso errore di inseguire l'altro. E poi pentirsene.

Gli episodi depressivi di Michela erano sempre associati a questa paura di non dare il giusto valore ai propri bisogni e alle proprie aspettative. La sua ansia esistenziale era caratterizzata da un costante bisogno di comprendere se ogni scelta fatta, ogni partner incontrato, ogni aspetto sociale e lavorativo fosse coerente con i suoi reali bisogni. Ogni qualvolta vi era un inciampo nel rapporto tra la sua vita e il suo specchio, gli episodi depressivi e il senso di colpa si affacciavano nella sua quotidianità. Michela era schiacciata dal peso del compito trasmesso dalla madre: volersi bene!, prima di ogni altra cosa. Peccato che questo compito inchiodasse la povera donna a un senso di responsabilità che la metteva in una posizione costante di delusione per i propri risultati e di conflitto con gli altri. Per quanto potesse sembrare un invito educativo, persino corretto e opportuno, da parte di una mamma nei confronti di una figlia, questo «amati!» era diventato per Michela una condanna che non solo non la proteggeva dal male di vivere, ma anzi la rendeva infelice e costantemente schiava.

La retorica della continua e ansiogena rincorsa all'autostima oggi tanto sponsorizzata, dai giornali ai social, è davvero ciò di cui abbiamo bisogno nel percorso di autorealizzazione?

Narciso muore rifiutando i sentimenti da e per il mondo e gli altri, insensibile agli stimoli esterni e glaciale nella sua irremovibile ricerca della risposta d'amore dalla sua immagine.

Davvero è ciò che vogliamo? Davvero è ciò che ci serve? La cultura dell'amore autoriferito dove ci sta spingendo? Fino a dove può spingerci?

Se avessero ragione gli antichi greci, non proprio verso un lieto fine.

Ma allora: per quale motivo, oggi, c'è tutta questa enfasi sull'amore di sé, sull'amarci, sul concetto di autostima, su un'etica dell'autoreferenza emotiva e sentimentale?

Dopo aver scomodato la mitologia e l'arte, non posso non passare al setaccio la mia amata psicoanalisi e il suo cosiddetto «padre». Per Freud il tema del narcisismo è infatti centrale, tanto da rappresentare un caposaldo di molta parte della sua teoria psicoanalitica.

In *Introduzione al narcisismo* (pubblicato per la prima volta nel 1914), Freud espone alcuni concetti importanti riguardanti il tema come fenomeno psichico, tra i quali spicca quello del narcisismo primario, che identifica come una fase di sviluppo infantile in cui il bambino rivolge tutto il suo affetto e interesse verso se stesso, come se fosse il centro del mondo. Questa fase di autoamore è fondamentale per la formazione dell'identità psichica.

Il concetto di narcisismo primario proposto da Sigmund Freud apre uno scenario complesso nel quale l'autoamore si configura come una componente fondamentale dello sviluppo psicologico individuale. Attraverso questo processo, il bambino si avvicina all'esplorazione di se stesso e al riconoscimento della propria individualità, creando le basi per la formazione dell'identità psichica. Secondo Freud, il narcisismo primario rappresenta quindi una fase iniziale dello sviluppo psicosessuale dell'individuo, caratterizzata dall'orientamento esclusivo verso il proprio sé; il bambino sviluppa un amore intenso e privilegiato per sé, attribuendosi una valenza centrale e predominante. Questa autoidentificazione si manifesta attraverso la percezione di essere al centro dell'universo, come un Io onnipotente e padrone del proprio mondo interiore.

Il narcisismo primario permette al bambino di avviare un processo di differenziazione e autodefinizione. Durante questa fase, infatti, il bambino sperimenta la propria esistenza come individuo: grazie all'amore per se stessi può esistere un abbozzo di identità e, se esiste un sé, esiste anche un altro-da-sé.

Azzardando un parallelismo, non sarà forse che nella nostra società iperconnessa sentiamo il bisogno di rimarcare, in modo un po' infantile, il nostro sé? La grande bufala dell'amarsi potrebbe essere segno di questo bisogno arcaico e rudimentale di affermare la differenza tra il sé e il mondo? E, se così fosse, potremmo dire che oggi questo confine, il limite tra soggettività e alterità, tra mondo interiore e quello esteriore, tra interno ed esterno, tra intimità ed esteriorità, è sotto costante minaccia?

Freud collega il narcisismo primario alla formazione dell'Io e alla costruzione dell'identità, sottolineando l'importanza di superare questa fase, atto che implica il passaggio graduale verso un amore oggettuale e la capacità di stabilire legami empatici e reciproci. Ma anche la fase successiva non comporta una chiarificazione definitiva sulla propria identità sentimentale e affettiva. In quest'ottica, l'amore diventa sintomo della debolezza dell'identità che si manifesta in varie forme e che trova una sua collocazione nella logica narcisistica.

Anche il concetto di narcisismo secondario, evoluzione proposta da Freud, rappresenta un importante sviluppo teorico e ribadisce il nesso tra amore e definizione del sé. Delineando il passaggio da un amore egocentrico per se stessi a una capacità di amore orientata verso gli altri, il narcisismo secondario è una situazione psichica più tardiva che comporta l'investimento libidico nei confronti di un oggetto esterno il quale, al tempo stesso, viene vissuto «come il proprio Io». In altre parole: non si ama l'Altro, ma ciò che dell'Altro viene vissuto come proprio, come estensione di sé.

Il narcisismo secondario «esprime un tentativo di ricostituire delle condizioni interiori, psichiche, di piacevolezza, di autoconservazione, di sicurezza che quello [il narcisismo primario, *N.d.A.*] illusoriamente garantiva. Tale passaggio costituisce il momento inaugurale del riconoscimento dell'alterità: un intervento esterno che soccorre e aiuta l'infante nella sua impotenza fisiologica».[4]

Se è vero che il narcisismo nella sua forma primaria e secondaria è fondamentale per la psicoanalisi, nello sviluppo umano è palese il suo ruolo nelle possibili modalità di relazione sentimentale e amorosa.

Amore e narcisismo, infatti, condividono molto terreno comune: se l'amore è un'esperienza immersiva e complessa, che spesso riflette la nostra natura psicologica più profonda, nella psicoanalisi il concetto di amore narcisistico rappresenta un pattern relazionale distorto che può influenzare le dinamiche interpersonali in modo significativo.

Come abbiamo visto, per Freud il narcisismo è una fase essenziale dello sviluppo psicosessuale, in cui l'Io si concentra principalmente su se stesso, idealizzando e valorizzando eccessivamente il proprio sé. Questo narcisismo primario è spesso necessario per costruire un senso di identità individuale, ma quando persiste o diventa dominante nelle relazioni affettive pervade l'amore rendendolo narcisistico.

Nell'amore narcisistico, l'individuo mette se stesso al centro della propria esistenza affettiva, è sordo all'Altro, cerca soddisfazione e gratificazione principalmente attraverso il riflesso di sé nelle persone. Si può riscontrare quindi un'eccessiva autoidealizzazione, il bisogno costante di ammirazione e riconoscimento, nonché un'incapacità di sperimentare empatia e considerazione per le necessità altrui – tutti segni indelebili del narcisismo primario di cui abbiamo parlato.

Autoidealizzazione, ammirazione, rispecchiamento sono tutti sinonimi di illusione. L'amore narcisistico è pericoloso perché illusorio, perché finge di mirare all'Altro, ma si riflette sempre su di sé e congela ogni cosa come nel mito di Narciso.

Ciò è evidente nel caso di Lorenzo, un manager di quarantadue anni che vive in una grande città e ha sempre condotto una vita apparentemente solida e stabile. È conosciuto tra amici e colleghi per la sua intelligenza e il suo successo professionale, ma pochi sanno delle profonde inquietudini che ha nascosto per anni.

Lorenzo è cresciuto in una famiglia molto esigente, con genitori che imponevano standard elevati in ogni aspetto della vita. Gli affetti erano presenti, ma sempre condizionati dal raggiungimento di risultati concreti. Lorenzo ha interiorizzato l'idea che per essere amato deve sempre dimostrare di essere all'altezza delle aspettative altrui.

Nonostante la sua brillante carriera, le sue esperienze sentimentali non sono mai durate a lungo. Lorenzo entrava spesso in relazioni intense e appassionate, ma ogni volta qualcosa sembrava infrangersi contro una realtà meno idilliaca di quella che aveva immaginato.

L'ingresso di Stella nella sua vita ha riproposto lo stesso schema, ma con maggiore intensità. Stella, una donna affascinante e di grande carisma, ha fatto breccia nel suo cuore durante un evento di lavoro. Da subito, Lorenzo ha provato un'attrazione quasi magnetica nei suoi confronti.

Stella si presentava come molto lontana dal suo modo di intendere l'esistenza, più vicina all'immagine di un'artista bohémienne, capace di mettere in discussione le certezze borghesi che caratterizzavano la vita di Lorenzo. Era lo specchio di un ideale che Lorenzo aveva di se stesso. Fin dalle prime uscite, Lorenzo si è sentito trascinare in un vortice di emozioni che sembravano colmare ogni vuoto affettivo mai provato.

Già dalle prime settimane, tuttavia, piccoli segnali di allarme iniziavano a emergere: Stella era spesso inconsistente nei suoi racconti, poteva sparire per giorni e mostrava un comportamento sorprendentemente imprevedibile e ambivalente. Lorenzo, innamorato e terrorizzato dall'idea di perdere quella sensazione di completezza, ignorava consapevolmente qualunque irregolarità. Dopo alcuni mesi, Lorenzo ha scoperto casualmente che Stella era coinvolta in un'altra relazione stabile e che gran parte della loro storia era costruita su un tessuto di mezze verità e illusioni. Questo sconvolgimento lo ha fatto crollare, portandolo in uno stato di profonda tristezza e confusione identitaria.

Lo scoramento di Lorenzo non era causato tanto dal tradimento di una donna, bensì dal mancato legame con quella parte di sé che Stella rappresentava e che egli voleva a tutti costi integrare nella sua esistenza.

Essere ciò che si vuole attraverso la presenza dell'altro. Ecco l'inganno del narcisismo nelle relazioni di coppia. Illudermi che l'altro sia una parte di me e che mi completi.

L'amore, insomma, quando incontra il narcisismo si trasforma in una pericolosa illusione. E, nella ricerca dell'amore verso di sé di cui tanto si parla, si intravede minaccioso lo spettro dell'amore narcisistico che ci relega sempre nella condizione del bambino autocentrato sui propri bisogni.

Amore come illusione, proprio come intendeva Arthur Schopenhauer, filosofo tedesco del XIX secolo noto per la sua visione pessimistica dell'esistenza umana. Secondo il suo pensiero, l'amore rappresenta un desiderio irrazionale e illusorio che porta sofferenza e insoddisfazione, in quanto è intrinsecamente legato al bisogno di sopravvivenza.

Una posizione cinica, che vede nell'amore un paravento dietro cui celare il fatto che l'unica cosa importante per gli esseri umani sia sopravvivere: un bisogno edulcorato dall'uomo stesso attraverso l'amore che, in questa visione, smette di essere passione travolgente o irrazionale e diventa mera illusione, utilitaristica e funzionale alla sopravvivenza stessa. Non a caso, per Schopenhauer, l'amore è per natura un'illusione generata dalla forza interiore della volontà, che spinge gli individui a cercare la ricompensa e la felicità attraverso l'altro. Questa illusione si manifesta quando proiettiamo sul partner idee e desideri che rispecchiano le nostre necessità e i nostri bisogni emotivi più profondi, creando così un'immagine distorta e idealizzata di chi amiamo. La persona amata sostiene un'illusione che nasconde il bisogno egoistico di sopravvivenza.

Che Schopenhauer fosse fonte di ispirazione per Freud è cosa nota, ciò che vorrei far notare è l'attualità del loro pensiero: l'amore diventa la struttura psichica dentro la quale far sopravvivere gli ideali di sé attraverso il partner, e le relazioni amorose altro non sono che posti in cui attraverso lo specchio dell'altro coltiviamo e nutriamo l'illusione di un sé ideale che non corrisponde alla verità di quello che siamo.

L'ideologia dell'amore per sé e il trionfo dell'autoaffermazione sono proprio questo: specchi illusori potenti, dove puoi annegare quando vuoi, illudendoti che la tua vita amorosa sia soddisfacente e appagante.

E quando qualcuno vi sussurrerà all'orecchio che dovreste amarvi di più, ricordatevi di queste pagine e del fatto che il suggerimento alla base di tanta psicologia d'accatto si fonda su un meccanismo che il nonno della psicoanalisi aveva già descritto agli inizi del secolo scorso.

Tra l'altro, mentre cercate di «amarvi per amare meglio gli altri», ricordatevi anche che l'illusione amorosa, nella lettura di Schopenhauer, può diventare un ostacolo alla vera realizzazione e alla felicità, poiché ci porta a vivere in una costante ricerca di gratificazioni effimere e quindi poco durature. Tenete a mente quel meccanismo psicologico per mezzo del quale l'ideale di sé viene proiettato all'esterno, sull'altro e sulla relazione, e per mezzo del quale ci si innamora, quindi, più dell'immagine idealizzata del partner che non della persona reale.

Quando si è innamorati sotto l'egida dell'amarsi, sotto l'etica del narcisismo, si cerca di ridurre la distanza dall'Altro, per inseguire quel sogno di fusione che dà illusione di sicurezza. Vi è la tendenza a compiacere per compiacersi fino a immedesimarsi. E vi può essere anche una tendenza al possesso, quando il mondo esterno è percepito come una minaccia. Per questo motivo l'amore narcisistico viene venduto come «tossico» dalla psicologia pop, attraverso post e rotocalchi. Eccolo il gioco perverso del discorso sull'amore contemporaneo: amatevi, certo, ma sappiate che il narcisismo che risveglierete vi intossicherà l'esistenza.

Se c'è una cosa di cui siamo circondati nel mondo moderno, sono le parole per descrivere «l'amore tossico», di cui certamente avrete sentito parlare. Sì, avete capito bene, quel tipo di amore che ti fa chiedere se stai uscendo con una persona o con una tortura emozionale ambulante. Quello alla Dr Jekyll e Mr Hyde, ovvero la relazione con due persone diverse che abitano nello stesso corpo: una dolce e amorevole come un angelo, l'altra irriconoscibile come una belva. Irritante? Sicuramente. Intrigante? Forse.

Forse, vi è persino capitato di sentire parlare del «dittatore emozionale»: un partner che assume il ruolo di un perfetto despota emotivo, controllando ogni aspetto della vita dell'altro, fino alla scelta del cibo da ordinare al ristorante.

Ancora, potreste aver letto della «scommessa autodistruttiva»: l'adrenalina di aspettare e sperare che questa volta effettivamente il partner cambi è ciò che mantiene viva la fiamma in questa relazione tossica. Puntare tutto il proprio benessere emotivo sulla scommessa che stavolta, finalmente, le cose cambieranno è come giocare alla roulette russa con il proprio cuore.

E per finire, perché non parlare dell'«amore iperadattato»: un modello strano e misterioso in cui, in superficie, sembra tutto perfetto, ma basta grattare un po' sotto la patina rosa per trovare un caos emotivo molto ben nascosto. Come gli iceberg, solo una piccola parte della relazione è visibile agli altri, mentre la maggior parte dei problemi frana sotto la superficie.

Insomma, ce n'è per tutti i gusti quando si parla di amore tossico, mentre si inneggia all'autostima e all'elevazione dell'amore per se stessi.

Un cortocircuito evidente nel Narciso di Ovidio, che nelle *Metamorfosi* scrive: «Ma questo sono io! Ho capito, e la mia immagine non m'inganna più! Brucio d'amore per me stesso, suscito e subisco la fiamma! Che devo fare? Farmi chiedere, oppure chiedere io? Ma poi, chiedere che? Quel che bramo l'ho in me: ricchezza che equivale a povertà. Oh, potessi staccarmi dal mio corpo! Desiderio inaudito per un amante, vorrei che la cosa amata fosse più distante».[5]

Suscitare e subire la fiamma: quale modo migliore per definire la grande bufala dell'amarsi?

2
Narciso al femminile: una verità scomoda

Come avrete ormai capito, il libro che avete tra le mani nasce anche con un sano intento polemico. Quindi, mettetevi comodi perché stiamo per affrontare un tema spinoso in cui, come spesso mi accade, sono in controtendenza.

Mentre tutti parlano di amore e narcisismo, di amori tossici, di maschilismo tossico – e non mi nascondo, lo farò anche io fra poco – in questo capitolo affrontiamo l'altra faccia della luna, un argomento che spesso viene evitato perché considerato tabù o terreno scivolosissimo: il narcisismo femminile.

Nella corrente cultura di massa, narcisismo fa rima con maschio. In realtà, chiariamolo subito, il narcisismo ha declinazioni di genere che implicano sia il femminile che il maschile.

Ovviamente anche questa volta la mitologia e la psicoanalisi mi sosterranno nell'ardua impresa di parlare di questo tema così delicato.

La psicoanalisi, al contrario di quanto si possa pensare, è tra le discipline più laiche sul tema della sessualità, dell'identità e del genere; proprio per questo risulta scandalosa, indigesta e spesso lontana dal senso comune. E, se mi permettete una parentesi autobiografica, è proprio questa sua natura controcorrente a rendermi fiero della scelta personale fatta ormai molto tempo fa.

Ma torniamo al tema, e alla classica obiezione: uno psicoanalista uomo che parla di femminile?

La risposta migliore la darebbe l'esperienza di vita e di scienza del maestro di tutti noi, quel Sigmund Freud che, proprio ascoltando le donne, giunse a definire i confini della materia che da duecento anni illumina la comprensione dei nostri meccanismi più oscuri e reconditi. E, senza sembrarvi presuntuoso, in questi anni di duro lavoro sull'anoressia, sulla bulimia e tutti i disturbi alimentari, anche io ho ascoltato un discreto numero di donne.

Tornando a Freud: fin dai primi anni del suo lavoro, si era reso conto dell'importanza di prestare attenzione alle esperienze e ai desideri delle pazienti, spesso trascurati o misconosciuti nella società del suo tempo. E, proprio grazie alla sua esperienza clinica con il mondo femminile, affrontò questioni cruciali come la sessualità, l'inconscio e l'importanza dei primi legami affettivi nella formazione della psiche.

Uno degli aspetti più rivoluzionari dell'approccio di Freud, infatti, riguardava la sua teoria sull'isteria femminile. Contrariamente alle concezioni prevalenti in epoca vittoriana, che vedevano l'isteria come una malattia esclusivamente femminile e legata a problematiche ginecologiche, Freud la interpretò come un disturbo psichico con radici profonde nell'inconscio e nei conflitti traumatici.

Attraverso l'ascolto attento e la libera associazione, Freud incoraggiò le sue pazienti a esplorare i loro desideri inconfessati, i traumi infantili, le fantasie sessuali e gli impulsi repressi. Questo approccio non solo permise alle donne di esprimere liberamente i propri pensieri e sentimenti, ma fece emergere nuove e rivoluzionarie prospettive sulla sessualità femminile e sull'influenza delle dinamiche familiari e sociali sulla psiche.

Il lavoro di Freud con le donne contribuì significativamente alla formulazione delle sue teorie sull'inconscio, sui meccanismi di difesa e sulle fasi dello sviluppo psicosessuale. E, grazie all'attenzione e alla sensibilità verso queste esperienze femminili, Freud aprì la strada a una maggiore comprensione e consapevolezza dell'universo interiore delle donne, portando così alla nascita della psicoanalisi come disciplina scientifica e terapeutica.

Ricordate: chiunque veda nella psicoanalisi una matrice maschilista o antifemminista, parla da una prospettiva antistorica. O non conosce quello di cui parla.

L'accusa di maschilismo nella teoria freudiana, volgarmente fondata sull'accusa alla tesi dell'«invidia del pene», si basa principalmente sull'interpretazione critica di alcuni concetti psicoanalitici da parte di movimenti femministi e studiosi contemporanei.

Secondo la teoria freudiana, l'«invidia del pene» rappresenta il desiderio inconscio delle bambine di possedere un fallo, simbolicamente – e sottolineo tale avverbio – associato al potere, alla virilità e alla superiorità. Freud sosteneva che le bambine, nel loro complesso di Edipo, percepirebbero la mancanza del pene come una perdita e svilupperebbero un senso di inferiorità rispetto ai maschi. Critiche di maschilismo sono state mosse in relazione a questa teoria, argomentando che essa riproduce stereotipi di genere e sostiene l'idea del predominio maschile sulla base delle differenze anatomiche. Le critiche si concentrano sul fatto che la teoria freudiana dell'invidia del pene ignora o minimizza il ruolo e il valore delle donne, riducendo la loro identità e il loro sviluppo psicologico a una mera conseguenza della mancanza di un organo sessuale specifico. Altri considerano questa teoria sintomo di un implicito maschilismo presente nel pensiero freudiano, legato alla visione patriarcale e sessista della società dell'epoca.

In risposta a queste critiche, alcuni psicoanalisti contemporanei e femministi hanno tentato di rileggere e reinterpretare la teoria freudiana dell'invidia del pene in chiave più inclusiva e non binaria, considerando le dinamiche di genere come il prodotto di processi sociali e culturali complessi, e non come derivati esclusivamente dalla biologia.

E vi è di più. Nel 1932, nella concezione freudiana si realizza un'evoluzione teorica interessante a proposito dello scollamento tra natura e cultura, tra biologico e psichico. Freud, alla fine di una lezione del 1932 intitolata *Femminilità*, scrive: «Questo è tutto quanto avevo da dirvi sulla femminilità. È certo incompleto e frammentario e non sempre suona gentile. Non dimenticate però che abbiamo descritto la donna solo in quanto la sua natura è determinata dalla funzione sessuale. Questo influsso, per la verità, giunge molto lontano, ma teniamo presente che ogni donna può avere aspetti diversi. Se volete saperne di più sulla femminilità, interrogate la vostra esperienza, o rivolgetevi ai poeti, oppure attendete che la scienza possa darvi ragguagli meglio approfonditi e più coerenti».[6]

Freud, quindi, uomo del suo tempo, demanda alla poesia e alla scienza i quesiti sul femminile: la sente come una questione aperta, di cui ha appena cominciato a scalfire la superficie con le sue intuizioni.

La prospettiva da cui nasce la psicoanalisi suggerisce dunque che la costruzione dell'identità femminile non sia semplicemente determinata dalla biologia, ma piuttosto sia il risultato di un processo complesso di sviluppo psicologico, influenzato da fattori sociali, culturali ed esperienze personali. Secondo la teoria psicoanalitica, infatti, l'identità di genere e la formazione della personalità sono influenzate anche dalla relazione con le figure di attaccamento primarie (solitamente i genitori) e dai modelli di identificazione internalizzati durante l'infanzia. Questi modelli determinano la percezione di se stessi e degli altri in relazione al concetto di femminilità, mascolinità e sessualità, fornendo una base per la costruzione dell'identità di genere.

In questa prospettiva, «diventare una donna» non è soltanto una questione di biologia o di assegnazione sessuale all'atto della nascita, ma piuttosto un processo di identificazione e di costruzione soggettiva mediato da esperienze, aspirazioni, culture e relazioni interpersonali.

Neanche uomo si nasce e, se c'è una cosa che la psicoanalisi insegna è proprio questo, ovvero che la biologia, la genetica, i cromosomi sono di quanto meno determinante la sfera sessuale e affettiva delle persone. L'essere umano non è la risultante di un mero meccanismo biologico: l'amore e la sessualità ne sono l'esempio più emblematico. I sentimenti e l'eros non seguono le leggi della fisica o della biologia: non dobbiamo mai dimenticare che l'organo sessuale per antonomasia è il cervello e che gli affetti e i trasporti emotivi passano dal profondo.

L'amore e il sesso appartengono più al registro del *logos* che del *bios* e per tale motivo non sono quasi mai legati alla sfera materiale. Per comprendere questo concetto è indispensabile chiarire cosa si intende con questi termini.

Il *bios* si riferisce alla vita biologica, naturale e istintiva. Include tutto ciò che riguarda le funzioni fisiologiche, i bisogni fondamentali e gli istinti primari degli esseri viventi. È il regno della sopravvivenza e della riproduzione.

Il *logos*, invece, riguarda il pensiero, la ragione, la cultura e la coscienza. È il dominio delle idee, delle parole, dei significati e delle interpretazioni. Rappresenta l'aspetto dell'essere umano che trascende gli impulsi biologici e si esprime attraverso il linguaggio, l'arte, la filosofia e la riflessione.

L'amore non è solo un sentimento istintivo: è un'esperienza complessa che coinvolge emozioni, pensieri e decisioni. Le persone interpretano il loro amore attraverso il linguaggio, la cultura e le vicende personali. L'amore spesso comporta impegno, fedeltà e sacrificio, che sono decisioni prese consapevolmente. Questi aspetti superano i semplici desideri biologici e richiedono riflessione e ragionamento.

Anche se il sesso ha una componente biologica chiaramente definita, è fortemente influenzato dall'educazione, dalla morale, dalle leggi e dalle aspettative sociali. Questi elementi lo situano nel campo del *logos*.

Tornando al processo psicologico del «diventare una donna» potrei raccontarvi innumerevoli casi, proprio perché, occupandomi di anoressia da più di quindici anni, ho incontrato tantissime adolescenti intrappolate in una paura tremenda di crescere e di avere un corpo – e una vita – da donna. Spesso, sono vittime di madri che hanno incarnato un femminile «giudicante» e iperperformativo, oppure di madri vittime a loro volta di abusi e soprusi.

Come nel caso di Beatrice, cresciuta in una famiglia benestante milanese con una madre ben inserita nel mondo della finanza e un padre imprenditore. Il modello materno-femminile è caratterizzato da estrema efficacia, rigidità e profonda dedizione alle mete. Beatrice racconta di una madre che sin da bambina le avrebbe inculcato il mito dell'abnegazione, del sacrificio e del successo. I primi fallimenti scolastici mettono in discussione le capacità di Beatrice di perseguire quel modello, con il bisogno conseguente di fare appello all'anoressia per «ritirarsi» dalla partita scolastica e dal mostrare attraverso un corpo magro e asessuato – l'anoressia cancella le caratteristiche sessuali secondarie – il rifiuto dell'essere donna, onde evitare l'insuccesso tanto criticato dalla madre.

Spesso, infatti, nella nostra società, le ragazze confondono l'identità femminile con l'emblema materno, poiché non hanno modelli sociali di riferimento che possano garantire traiettorie evolutive indipendenti.

Su questo passaggio trovo importante condividere con voi le riflessioni fatte dall'illuminata antropologa e psicoterapeuta americana Rebecca Lester, che ha approfondito il tema dell'anoressia nelle donne esplorando il legame tra il modello femminile e la malattia. Lester sostiene che l'anoressia non può essere compresa unicamente come una questione medica o psicologica, ma deve essere esaminata anche attraverso lenti culturali e sociali.

Uno dei punti chiave delle sue argomentazioni è l'influenza dei modelli femminili idealizzati dalla società moderna. Le riviste, la moda, i social media e altre forme di comunicazione di massa promuovono una concezione di magrezza estrema come segno di successo, controllo e desiderabilità – modelli che sono stati simboli della battaglia del femminismo anni Settanta che si basava molto sul tema dell'emancipazione attraverso le tematiche riguardanti il corpo: sessualità, aborto, divorzio. Questo modello femminile ideale può esercitare immense pressioni sulle giovani donne, spingendole a conformarsi a standard irrealistici e generando ansia e insoddisfazione corporea.

Lester afferma che, per molte donne, il corpo diventa un campo di battaglia politico e sociale (vedasi le battaglie sull'aborto o sulla maternità surrogata), su cui vengono espressi e combattuti significativi conflitti interni ed esterni. L'anoressia, in questo contesto, può essere vista come un'espressione di resistenza. In un mondo dove le donne spesso si sentono impotenti o prive di controllo rispetto alla propria vita e al proprio corpo, si spingerebbero verso una rigidità e una disciplina necessarie per rispondere a certe battaglie sociali. Mantenere una dieta anoressica può rappresentare un senso distorto di potere personale che spesso le generazioni di donne successive interiorizzano in modo patologico.

Un altro aspetto rilevante delle riflessioni di Lester riguarda l'identità femminile e i paradossi legati ai ruoli di genere. La società spesso invia messaggi contraddittori alle donne: da un lato, sono incoraggiate a essere sottili, belle e aggraziate; dall'altro, devono anche essere indipendenti, assertive, di successo. Messaggi ambigui che possono creare profondi conflitti interni. L'anoressia, in questo quadro, può emergere come un tentativo disfunzionale di risolvere tali dissonanze, cercando di aderire a tutti questi ideali simultaneamente.

Lester evidenzia anche come l'anoressia possa essere una forma di sofferenza invisibile e silenziosa, un grido di aiuto che spesso viene frainteso. Le donne in anoressia, paradossalmente, utilizzano il controllo del cibo e del corpo come un modo per mascherare la loro vulnerabilità e il loro bisogno di supporto emotivo. Le loro azioni possono essere viste come un modo per coinvolgere gli altri, per denunciare una situazione familiare o sociale intollerabile, o per cercare attenzione e cura.

Rebecca Lester ci invita a vedere l'anoressia non solo come un disturbo psicologico isolato, ma come un fenomeno profondamente radicato nelle dinamiche culturali e sociali della contemporaneità legate al tema del femminile.

Per quanto scandalosa possa essere la sua riflessione, è a mio avviso notevole che provenga da una studiosa capace di denunciare che un certo modello di femminismo, se interiorizzato in modo non corretto dalle generazioni successive, può produrre cortocircuiti pericolosi. Il tema dell'emancipazione del corpo ne è un emblema, il corpo che diventa un legittimo strumento di affermazione del sé per le donne, che nelle generazioni di ragazze affette da anoressia, invece, diventa teatro di battaglia di conflitti psichici molto duri.

Non per buttare una responsabilità diretta sulla madre di Beatrice, ma noi genitori dovremmo imparare a riconoscere i rischi legati ai pregiudizi sociali che i nostri figli subiscono e, nella migliore delle ipotesi, proteggerli. Nella peggiore, dovremmo riconoscere come noi per primi siamo vittime di tali pressioni e di come le trasmettiamo coscientemente ai nostri figli.

Mi viene in mente il caso di Anna, una ragazzina quindicenne che ho incontrato in una prima visita assieme alla madre. Alla domanda su che studi facesse, la risposta è stata: «Il liceo scientifico speciale con durata di quattro anni». Alla domanda sulle attività sportive, la risposa è stata: «Danza. Classica, moderna e contemporanea».

La mamma, imbarazzata nell'ascoltare le risposte della figlia dalla sua viva voce, mi ha guardato negli occhi e si è affrettata ad affermare che le scelte della figlia non erano state da lei forzate ma prese in totale autonomia. Le ho detto che i nostri figli spesso si sentono in obbligo a dare il meglio di sé proprio per uniformarsi ai modelli proposti dalla società di massa, e noi genitori abbiamo il dovere di riconoscere tale folle pretesa e difendere i nostri ragazzi tentando di insegnare loro che bisogna scegliere ciò che ci piace e non ciò che risponde ai desideri della cultura corrente.

Torniamo al tema del narcisismo femminile introducendo un'altra figura chiave della psicoanalisi, ovvero Lou Andreas-Salomé, scrittrice, psicoanalista e intellettuale russa-tedesca nota per il suo spirito indipendente e la sua significativa influenza sulla cultura e la psicoanalisi europee.

Nata il 12 febbraio 1861 a San Pietroburgo in una famiglia benestante e colta di origine tedesca, sin da giovane mostrò un forte interesse per la filosofia, la teologia e la letteratura. Studiò a Zurigo, una delle poche città che ammetteva le donne negli istituti universitari.

Incontrò Nietzsche nel 1882, che si innamorò di lei e le propose il matrimonio, offerta che venne però rifiutata. Ciononostante, la loro breve relazione intellettuale influenzò profondamente entrambi.

Con Rainer Maria Rilke ebbe una relazione romantica e intellettuale dal 1897, e Andreas-Salomé influì notevolmente sulla poesia del giovane Rilke, diventando anche una sua mentore.

Entrò in contatto con Freud nel 1911 e divenne una delle prime e più importanti psicoanaliste donne; la sua corrispondenza con Freud e la sua partecipazione ai circoli psicoanalitici contribuirono a diffonderne e svilupparne le idee. Salomé, in modo più articolato e approfondito rispetto a Freud, colse nel concetto di narcisismo una duplice tendenza che può darci una mano nel comprendere cosa di questo aspetto psichico si muove nelle donne.

Per la psicoanalista russa il narcisismo avrebbe due direzioni: verso l'Io e verso il Tutto. E Salomé si concentrò proprio sul lato meno esplorato del narcisismo, quello per cui meta della libido non sarebbe la centralità dell'Io ma, al contrario, la fusione con il Tutto. Lou Andreas-Salomé cercava quindi di superare l'idea freudiana del narcisismo, concentrato sull'ego (l'Io) di una persona, sottolineando come fosse il suo opposto – ovvero l'esperienza di fusione con il Tutto – a essere meta e destinazione dell'energia amorosa e vitale (libido), spostando così l'attenzione dall'ego a una connessione più vasta con ogni cosa che esiste.

Salomé distingue fra un narcisismo «mascolinizzato» e concentrato su di sé, di cui parlerebbe Freud, e un narcisismo «femminile», volto al raggiungimento della libido attraverso la fusione con l'altro. Nel narcisismo mascolinizzato, quindi, il soggetto narcisista ha necessità di essere ricambiato per impossessarsi degli oggetti (nel senso psicoanalitico del termine) esterni. Nel narcisismo femminile, invece, questo bisogno di fusione condurrebbe a qualcosa di diverso: le donne tenderebbero ad avere una maggiore capacità di regressione, intesa come un processo psichico in cui una persona ritorna a uno stato mentale o emotivo più semplice e primitivo. Questa capacità consentirebbe alle donne di ricercare un senso di unità e di connessione profonda con il mondo intero, traendone godimento, anche a costo di perdere parti di sé. Tale «perdita» tuttavia avrebbe un risvolto positivo: punterebbe a ricercare un piacere originario caratterizzato dalla fusione con il Tutto, un piacere più primitivo, volto a una sorta di armonia universale.

Secondo Salomé, quindi, nel narcisismo femminile l'attenzione non è solo sull'ego individuale, ma piuttosto sulla ricerca di una connessione profonda e armoniosa con l'universo intero, anche se ciò comporta una diminuzione della centralità dell'Io.

Per aggiungere un ulteriore tassello e comprendere meglio il narcisismo declinato al femminile, mi spingerò ancora oltre, affrontando il tema scandaloso, delicato e complesso dell'equilibrio tra l'essere donna e l'essere madre. Un equilibrio oggi sicuramente inficiato da una serie di ingiuste discriminazioni che la società impone alle donne, non sostenute nel poter vivere socialmente il doppio ruolo di donna e di mamma. Al netto di questo, inviterei tutte le lettrici a interrogarsi sul pericolo che, appena diventate madri, il loro investimento psichico si sbilanci a favore della fusionalità madre-bambino.

Ai miei occhi e alle mie orecchie questa dinamica è molto evidente, soprattutto nel caso di diverse ragazze affette da anoressia che spesso sono state al centro di questo processo fusionale con la madre che, diventata tale, persegue una soddisfazione arcaica del Tutto attraverso il senso della maternità. L'anoressia, in questi casi, può diventare l'atto simbolico del rifiuto di quel Tutto di cui gode la madre, ma che annichilisce la figlia. E dico «figlia» non a caso, ma perché generare un figlio dello stesso sesso esplicita ancora di più un fantasma fusionale che, nell'immediato futuro, produrrà sempre forte conflitto tra le due parti. Non a caso le anoressie sono più frequenti nelle ragazze (il rapporto tra sessi nell'anoressia ora è 8 a 2 tra femmine e maschi), e non a caso l'anoressia è la malattia del narcisismo femminile che condanna moltissime di loro a investire tutte loro stesse in un'immagine senza sessualità, senza vitalità, senza libido, proprio a impersonificare l'oggetto Tutto della madre che cerca di diventare un niente per salvarsi.

Ma anoressia come reazione e fusione con il Tutto non sono gli unici tasselli di questo mosaico, con cui stiamo cercando di leggere questa forma di narcisismo così poco esplorata. Interessanti sono anche gli studi sulla competitività femminile intrinseca di Campbell[7] del 2004, che segnalano come le donne abbiano diverse modalità di esprimere la concorrenza rispetto agli uomini: mentre gli uomini tendono a manifestarla in maniera diretta e fisica, le donne lo fanno in modi più sottili, relazionali e verbali. Questo studio spiegherebbe quindi il motivo per cui talvolta le donne sul posto di lavoro sono poco solidali e tanto competitive tra loro quanto lo sono gli uomini.

Ritornando a Salomé, una possibile spiegazione di alcuni meccanismi mentali femminili è che il loro investimento psichico, potendosi fondare sull'amore narcisistico, mira sempre al Tutto, ovvero alla tendenza femminile a sentirsi completa non attraverso delle parti di sé in relazioni all'Altro, bensì nel ricostruire una sensazione basata sul Tutto che non distingue l'alterità. Un grande «Io femminile» che ingloba ogni aspetto del reale.

Pensate alle amicizie morbose tra amichette in adolescenza, una diade perversa che porta il Tutto dentro lasciando il resto fuori. O alle ragazzine «bulle» che, a differenza dei maschietti che aizzano il branco, si infilano in drammatiche aggressioni psicologiche o per difendere il loro Tutto o per crearlo, dimostrando contro qualche vittima indifesa la loro capacità manipolatoria nell'ottenere il piacere fusionale.

Rifacendosi direttamente al mito, Salomé scrive: «È in parte colpa del padrino di questo termine, di Narciso, il fanciullo dello specchio, se in esso si vede troppo unilateralmente solo quell'erotismo che gode del proprio io».[8] Ma bisogna ricordare che il Narciso del mito non sta davanti a uno specchio artificiale, ma davanti a quello della natura: forse non scorge nell'acqua solo se stesso, ma anche se stesso in quanto fuso con il Tutto, poiché lo specchio in cui vede la sua immagine riflessa è quello della realtà di cui lui stesso fa parte. Narciso sa che ciò che vede è l'oggetto della sua ricerca. In altre parole, secondo Salomé il narcisismo femminile cerca chi possa darci ciò che noi stessi non riusciamo a ottenere: l'apertura a una dimensione fusionale con il Tutto.

Ogni amore oggettuale nella vita delle donne deriverebbe da questo amore di sé in fusione con il Tutto: il narcisismo femminile sacrifica l'Io nella dimensione della relazione per riprendersi con gli interessi quel Tutto che va oltre il rapporto con l'Altro.

E un'altra figura mitologica ci spiega benissimo questo aspetto.

Il mito di Medea è uno dei più noti e narra la storia di una donna dalle conoscenze magiche e abilità inestimabili che, guidata dall'amore e dalla vendetta, compie atti estremi e drammatici.

Il mito di Medea, figlia di Eete, re della Colchide, inizia quando Giasone arriva nella regione alla ricerca del Vello d'Oro, il manto dorato di un ariete alato, che si diceva avesse il potere di curare ogni ferita o malattia. Medea si innamora di Giasone e sfrutta i propri poteri magici per aiutarlo a superare le prove necessarie per riuscire in questa e altre imprese, arrivando ad abbandonare per lui la propria patria e a uccidere il fratello per coprire la loro fuga. Dopo varie peripezie, i due si sistemano a Corinto, dove le cose prendono una brutta piega quando Giasone decide di ripudiare Medea per sposare Creusa, accecandola d'ira.

Furiosa per il tradimento, Medea si vendica in modo terribile: usa la magia per causare la morte di Creusa, facendole indossare un vestito avvelenato, e poi uccide anche i propri figli avuti da Giasone.

E qui ho una domanda per voi: per quale tipo di amore credete che Medea abbia superato ogni limite?

All'inizio della sua epopea s'interroga tra l'amore per uno straniero e l'affetto verso la patria, ma alla fine sceglie Giasone. Mossa dalla fiamma della passione aiuta l'amato con pozioni e incantesimi, l'assiste e lo guida in ogni prova così da fargli eliminare il drago e poi rubare il Vello d'Oro. In cambio ottiene di divenire sua sposa e di partire con lui. Secondo alcune versioni, tra cui quella di Apollodoro, Medea si spinge ben oltre: per amore di Giasone uccide il fratellino Apsirto e ne sparge i pezzi del cadavere in mare. Il padre Eete, al comando della flotta che li insegue, si ferma così a ricomporre le spoglie del figlio e la nave *Argo*, su cui viaggiano Medea e gli Argonauti, si allontana indisturbata.

Medea lascia la Colchide, una terra ritenuta barbara dagli achei (rinuncia dell'Io), e punta sulla forza di Giasone per affermarsi nell'antica Grecia (narcisismo che vuole il Tutto). Per riuscirci la donna trama, raggira, avvelena. Salva e trucida, cura e fa del male. Ogni sortilegio, però, risponde sempre a un unico scopo: consentire a Giasone di liberarsi dai potenziali rivali. Agli occhi dei greci rimane comunque una straniera, un'inferiore.

La parole di Giasone riportate da Euripide fanno ben intendere che l'amore in gioco non è in relazione solo al rapporto di coppia, per Medea va ben oltre: «Ora ragiono, ma non ragionavo quando dalla tua dimora, da una terra di barbari, ti condussi in una casa greca, o rovina grande, traditrice di tuo padre e della terra che ti nutriva! Come un demone maligno gli dei ti hanno scagliata contro di me! Dopo aver ucciso presso l'altare tuo fratello, salisti sulla nave Argo bella prora. Così hai cominciato e dopo avermi sposato e avermi dato figli, li hai sacrificati al tuo letto! Nessuna donna greca lo avrebbe osato».[9]

La storia di apparente abnegazione e dedizione alla causa di Giasone non mira al successo di entrambi, ma a qualcosa che nell'animo di Medea va molto oltre. Come direbbe Salomé, punta a qualcosa di più profondo, di più fusionale, mira alle viscere della questione dell'identità. Non a caso Medea uccide la sua maternità uccidendo i figli: non lo fa solo per vendicarsi di Giasone, ma soprattutto per far cessare il suo ruolo di madre che ha perso definitivamente l'utopia del Tutto.

La generosa abnegazione di cui spesso si fregiano le donne ha quindi un archetipo mitologico che mostra come la pulsione distruttiva sia dietro l'angolo: il narcisismo femminile, così come quello maschile, può fare moltissimi danni.

Scomodando ancora la psicoanalisi e i suoi maestri, questa volta citerò Jung e il suo complesso di Medea, appunto. Rappresenta un modello psicologico che riflette le dinamiche emotive e comportamentali intrinseche a certe categorie di individui, in particolare le donne. Il complesso di Medea viene associato a una serie di sentimenti contrastanti e, spesso, in conflitto tra loro. Da un lato, si manifesta un profondo amore e dedizione verso qualcuno o qualcosa, con un sentimento di lacerante passione e intensità emotiva. Dall'altro lato, si palesa la presenza di rabbia, vendetta e impulsività, che possono portare a comportamenti distruttivi e autolesionisti.

Jung ha individuato nella lotta tra l'istinto materno e l'istinto distruttivo il senso centrale del narcisismo declinato al femminile, che spesso si estrinseca con la difficoltà nel separare l'identità propria da quella degli altri, e con la presenza di un forte desiderio di controllo e potere.

Secondo Jung, il complesso di Medea rappresenta una configurazione archetipica universale che riflette la polarità tra amore materno e desiderio di vendetta tipico delle donne. Medea, nella sua lotta per il recupero del proprio senso di dignità e identità, mette in atto una serie di comportamenti distruttivi. La sua vendetta diventa una forma di autoguarigione, un tentativo di restaurare l'equilibrio emotivo dopo che il Tutto a cui puntava il suo narcisismo è stato spezzato dal tradimento di Giasone.

Il femminile dal punto di vista psichico viaggia così sul doppio binario del sacrificio e della vendetta, dell'altruismo e del forte egoismo, della creazione e della distruzione.

Un'altra dinamica psichica altrettanto importante del narcisismo femminile è quella della posizione narcisistica della «vittima».

Se da un lato la donna, grazie al suo narcisismo, non punta all'Io bensì al Tutto, dall'altro può perennemente ricoprire il ruolo della vittima sacrificale, come ebbe a precisare una famosa filosofa femminista, Simone de Beauvoir.

Simone de Beauvoir (1908-1986) è stata una delle più influenti scrittrici, filosofi e attiviste francesi del XX secolo. Un'intellettuale poliedrica, conosciuta soprattutto per il suo contributo al femminismo esistenziale e per la sua opera monumentale *Il secondo sesso* (1949), che ha ridefinito il pensiero sul ruolo della donna nella società.

Nata a Parigi il 9 gennaio 1908 in una famiglia borghese, de Beauvoir riceve un'educazione severa e cattolica. Tuttavia, sin da piccola mostra una notevole intelligenza e curiosità intellettuale. Studia Filosofia alla Sorbona, dove incontra altre figure culturali significative, tra cui Jean-Paul Sartre, con il quale stabilisce un duraturo legame personale e intellettuale. Inizia la sua carriera come insegnante di filosofia. Durante questo periodo, scrive diversi romanzi, saggi e articoli.

Il secondo sesso, una delle sue opere più celebri, analizza in profondità il concetto di «donne come Altro» ed esplora la condizione femminile in una società dominata dagli uomini. Questa opera ha avuto un impatto enorme sul movimento femminista e continua a essere un punto di riferimento fondamentale per gli studi di genere.

In questo saggio fondamentale per il pensiero occidentale, Simone de Beavoir esplora in modo articolato il narcisismo femminile; una delle sue tesi è chc il narcisismo emergente nella psiche femminile può essere visto come una risposta alle condizioni di oppressione e subordinazione a cui le donne sono state storicamente soggette. In questo contesto, il narcisismo femminile può rappresentare una delle forme in cui le donne reagiscono alla loro condizione di vittime all'interno di una società patriarcale.

De Beauvoir analizza il modo in cui le società moderne e premoderne strutturano le relazioni di genere, ponendo l'uomo come soggetto dominante e la donna come Altro subordinato. Le donne sono educate fin da piccole a conformarsi a ruoli imposti e a vedere se stesse attraverso il prisma delle aspettative maschili; sono frequentemente oggettivate e ridotte a ruoli domestici, decorative o di supporto, molto spesso private delle stesse opportunità economiche, professionali e sociali riservate agli uomini.

Di fronte a tali circostanze oppressive, il narcisismo può emergere come una reazione psicologica alla frustrazione e alla mancanza di autentica autonomia.

Spesso il narcisismo femminile si manifesta come una sorta di autoinfatuazione, un meccanismo che porta le donne a concentrarsi eccessivamente sulla propria immagine e sull'approvazione altrui. Questo focus esterno può essere visto come un tentativo di compensare l'assenza di autenticità e reale autonomia, di trovare valore di fronte a una società che nega loro la possibilità di essere soggetti indipendenti e completi.

Il narcisismo può anche delinearsi come la costruzione di un mondo interno alternativo, dove la donna, pur sentendosi costretta e incapace di realizzare se stessa nel mondo esterno dominato da uomini, trova rifugio nella propria immaginazione e nel culto del sé estetico; in questo modo si crea un'illusione di controllo e di significato, un mondo in cui è ammirata e apprezzata per la sua bellezza e il fascino personale.

Simone de Beauvoir ritrae quindi il narcisismo come un meccanismo difensivo che le donne adottano per proteggersi dalle frustrazioni causate dalla loro condizione subordinata: in una società che porta avanti l'oppressione sistemica delle donne, vedersi come vittima può portare, paradossalmente, a una sorta di autoprotezione.

Alcune donne possono adottare un'immagine di sé come sofferente e maltrattata, che può cristallizzarsi nel narcisismo. Questa narrazione offre una giustificazione per la loro infelicità e mancanza di realizzazione, distogliendo l'attenzione dal confronto diretto con le cause sistemiche della propria condizione.

La centratura su di sé attraverso il narcisismo può creare l'illusione di potere e controllo, seppur superficiali, che contrasta l'impotenza reale derivante dalla propria posizione sociale subordinata.

Nel discutere la minaccia che il narcisismo fa all'amore, sul banco degli imputati quindi non vi sono vittime e carnefici distinti dal genere, dal sesso o dall'anatomia. Vi è però l'essere umano che, uomo o donna, si distingue sempre nel suo femminile e nel suo maschile, con le dinamiche individuali che o escludono l'altro dalla propria esistenza, oppure lo rendono «oggetto» utile a sostenere la propria vita. In entrambi i sensi, l'unico a patirne è l'amore: il narcisismo per l'amore è come la criptonite per Superman e Supergirl. L'unica debolezza fatale anche per un Uomo e una Ragazza d'acciaio.

3

Chi ha perso la bussola: il maschile e i suoi stereotipi

Apri un quotidiano, accendi la tv, scrolli sui social e al centro c'è sempre lui: il «narcisismo tossico» degli uomini. Una tempesta sociomediatica al centro del cui ciclone sembra sempre esserci il maschio contemporaneo. Che, sempre sotto accusa, vivrebbe sospeso tra l'ombra della sua natura violenta e un'atroce inconsistenza dal punto di vista identitario.

Come forse avrete già intuito, anche su questo punto avrei qualcosa da precisare. Ma, per non saltare a conclusioni frettolose, riavvolgiamo il nastro e ripartiamo dall'inizio, ovvero dal cercare di definire la differenza tra maschile e femminile.

Nell'epoca imperante della narrazione che distingue gli esseri umani tra cis e trans, tra binario e non binario, abbiamo dimenticato la differenza tra maschio e femmina. Una differenza arcaica e primordiale che va compresa, prima di accapigliarci e dissertare sul concetto di cis e trans, di binario e non binario. Guardatevi intorno: oggi nessuno ha più il coraggio di parlare di differenze di genere, la cultura dominante confonde la tutela dei diritti e delle diversità con una rincorsa alla fluidità e all'omologazione.

Ma annullare le differenze non è sinonimo di maggiori tutele sociali, come il gender gap dimostra: nella società fluida dove la questione di genere diventa un *continuum* indistinto di forme, le donne continuano a guadagnare di meno degli uomini e ad avere posizioni lavorative svantaggiate. Una delle fonti più autorevoli su questo argomento, il Global Gender Gap Report 2024 del World Economic Forum, afferma che l'uguaglianza nel mondo del lavoro e nei guadagni rimane una sfida significativa a livello mondiale: le donne continuano a guadagnare, in media, molto meno degli uomini per lo stesso ruolo e con le stesse qualifiche.

E mentre le disuguaglianze non cessano, il contesto attuale, pregno di dibattiti sulla tutela dei diritti delle donne, è circondato da una cornice dove tutti gli indicatori di benessere delle coppie e dei sentimenti sono in peggioramento.

Secondo i dati di vari istituti di statistica, i tassi di divorzio sono aumentati significativamente in molte nazioni. Ad esempio, in Italia nel 2022 il tasso di divorzio secondo l'ISTAT è stato di circa 1,6 ogni 1000 abitanti, registrando un incremento rispetto agli anni precedenti. In diversi Paesi, c'è un calo del numero di matrimoni: in Italia, secondo l'ISTAT, nel 2018 si sono celebrati circa 195.000 matrimoni, rispetto ai 403.000 del 1964.[10] Più che dimezzati, cioè, in sessant'anni.

Molte persone si sposano più tardi nella vita rispetto alle generazioni precedenti. Ad esempio, negli Stati Uniti, l'età media del primo matrimonio è salita a trent'anni per gli uomini e ventotto per le donne, rispetto ai ventitré e vent'anni rispettivamente degli anni Sessanta.[11]

È possibile forse che l'amore e il sesso soffrano proprio nell'epoca delle lotte per i diritti e l'uguaglianza tra i generi? Che, cioè, la negoziazione continua dentro i generi e una vita a due basata sul conflitto uccida il desiderio? A mio avviso sì: in amore non serve negoziazione o conflitto ma, al contrario, la dialettica. Gli indicatori legati ai tassi di matrimoni e divorzi potrebbero non essere indicativi dello stato di salute della capacità di creare legami affettivi stabili. Nei prossimi capitoli vedremo ulteriori numeri che comunque ci fanno intendere che qualcosa oggi non funziona nel sistema delle relazioni, rivelando una contemporaneità che produce un certo stridore tra sforzi che vengono compiuti per colmare le differenze tra sessi e dati che mostrano la capacità di creare legami tra i sessi.

Come ci insegna Hegel, infatti, la dialettica fa da collante, proprio perché si basa sulla contrapposizione delle differenze. La dialettica tra i sessi può essere analizzata attraverso la lente della dialettica servo-padrone di Hegel, per mettere in luce le dinamiche di potere, riconoscimento ed emancipazione che pervadono le relazioni di genere.

Nella *Fenomenologia dello spirito* (1807), Hegel descrive una relazione dialettica tra due coscienze distinte – la coscienza del padrone e quella del servo – che si confrontano, ciascuna che lotta per essere riconosciuta dall'altra. Una delle coscienze riesce a dominare, diventando il padrone, mentre l'altra viene sottomessa, diventando il servo. Il padrone riceve un riconoscimento dal servo, ma non viceversa. Tuttavia, il riconoscimento del servo è insufficiente per il padrone perché proviene da una coscienza sottomessa. Il servo, attraverso il lavoro e la trasformazione della natura sotto la coercizione del padrone, inizia a sviluppare una propria autoconsapevolezza e abilità. Questo gradualmente modifica la dinamica di potere. Idealmente, la contraddizione finale viene superata con un reciproco riconoscimento tra le coscienze, che però richiede la fine della relazione di dominio.

Storicamente, il rapporto tra i sessi è stato caratterizzato da un conflitto di potere, dove il maschile è stato socialmente visto come padrone, mentre il femminile è spesso stato relegato al ruolo subalterno.

Questa dinamica ha radici profonde nelle strutture sociali, culturali ed economiche. Le donne hanno spesso cercato riconoscimento e valorizzazione nei contesti dominati dagli uomini. Tuttavia, come nella dialettica servo-padrone, il riconoscimento ottenuto dalle donne è parziale e insoddisfacente poiché subordinato e strumentalizzato.

La partecipazione delle donne al mercato del lavoro e alla vita pubblica, attraverso le lotte per i diritti e l'istruzione, ha portato a una crescente autoconsapevolezza e fiducia. Tramite il lavoro (retribuito e non) e l'azione nei movimenti femministi, le donne hanno iniziato a trasformare le loro condizioni, contestando e sovvertendo le strutture dominanti.

La dialettica tra i sessi può evolvere verso un riconoscimento reciproco simile a quello postulato da Hegel. Questo richiede uno sforzo attivo per sfidare e smantellare le relazioni diseguali di potere e promuovere un pieno riconoscimento dell'autonomia, dignità e capacità di entrambi i sessi.

L'applicazione della dialettica servo-padrone hegeliana al rapporto tra i sessi fa emergere diverse contraddizioni e indica la possibilità di una risoluzione emancipatoria. Per trascendere il conflitto di genere però è necessaria una nuova modalità – soprattutto maschile – di superare la propria identità fallica (ovvero di potere) in favore di una relazione dialettica con il femminile emancipato.

In sintesi, la dialettica tra i sessi, se interpretata attraverso la prospettiva hegeliana, ci guida a riconoscere le dinamiche di dominio e dipendenza che storicamente hanno caratterizzato tale rapporto, ma anche le possibilità di superare queste dinamiche attraverso un'emancipazione reciproca, promuovendo una nuova coscienza sociale basata sul rispetto della diversità e non sul principio di omologazione.

L'amore patisce l'omologazione; rinvigorisce invece con la dialettica della differenza, che non dovrebbe confondersi con i giochi di potere.

Forse, oggi, i sintomi legati all'amore e alle relazioni hanno una loro ragion d'essere perché la cultura della differenza viene superata in favore di quella della fluida omologazione, e tale passaggio non permette il legame nella coppia, qualsiasi essa sia. Aumenti dei divorzi e delle separazioni, crisi dei matrimoni, astensione dalla sessualità: sono tutti segnali che qualcosa non va tra i sessi e nelle coppie. E, proprio per questo, l'antidoto potrebbe essere quello a cui nessuno sta pensando e che io qui, provocatoriamente, auspico e azzardo: tornare a dare valore alle differenze.

Il maschile e il femminile sono diversi, non c'è nessuna riflessione biologica, filosofica, antropologica e psicoanalitica che possa sostenere l'uguaglianza tra i sessi. Non solo sono radicalmente e ontologicamente diversi, ma il senso e il significato della loro identità non possono essere letti se non alla luce di una riflessione dialettica tra le loro rispettive posizioni. In altre parole: per avvicinarci al tema del maschile, dobbiamo prima solcare il mare che rappresenta la disuguaglianza tra i sessi e, successivamente, capire come queste differenti identità siano interconnesse in modo dialettico.

La differenza tra i sessi è un tema che ha affascinato filosofi, studiosi e pensatori per millenni, costituendo da sempre uno degli argomenti più dibattuti nelle scienze sociali e nelle discipline umanistiche. È una questione complessa che intreccia biologia, cultura, psicologia e ontologia.

Da un punto di vista biologico, le differenze sessuali sono essenzialmente legate a caratteristiche fisiche e genetiche. Ci piaccia o no, la nostra natura è legata indissolubilmente al fatto che l'uomo, inteso come *Homo sapiens*, è un mammifero che appartiene alla famiglia degli ominidi e all'ordine dei primati. Da questa considerazione discende una delle differenze più cruciali tra maschi e femmine: il corredo cromosomico. Gli individui di sesso maschile possiedono una coppia di cromosomi sessuali XY. Il cromosoma Y contiene il gene SRY (Sex-determining Region Y), che avvia lo sviluppo delle caratteristiche sessuali maschili. Gli individui di sesso femminile, invece, hanno una coppia di cromosomi sessuali XX; l'assenza del cromosoma Y porta allo sviluppo delle caratteristiche sessuali femminili. Il dato interessante in questa differenza genetica sta nel fatto che madre natura ci avrebbe fatto tutti femmine, eccezion fatta per quei mammiferi che avendo il cromosoma Y orientano il loro sviluppo sessuale, grazie al gene SRY, verso lo sviluppo maschile. La biologia, quindi, ci suggerisce che c'è una caratteristica predeterminata femminile che si può diversificare grazie alla presenza di un particolare gene.

Anche l'estetica della biologia è differente; per quanto possa sembrare anacronistico va detto che l'assetto somatico, le forme e la costituzione fisica di un maschio sono diversi da quelli di una femmina. Con l'espressione «caratteristiche sessuali secondarie» si intendono, infatti, quei tratti fisici che differenziano i sessi, ma non sono direttamente coinvolti nella riproduzione, come la maggiore massa muscolare, la voce più profonda e la più importante presenza di peli sul viso (barba e baffi) nei maschi, o il maggior sviluppo del seno, l'accentuato deposito di grasso su fianchi, cosce e glutei e la pelle generalmente più liscia nelle donne.

Nell'epoca della massima capacità di manipolazione estetica e cosmetica delle immagini, non dare per scontate le differenze è significativo di un voler orientare i costumi verso un'omologazione che facilita la gestione sociale delle masse.

È fondamentale comprendere queste differenze non solo quando sono utili a sviluppare trattamenti medici personalizzati, come la società spesso pretende di avere o fortemente auspica orientando le ricerche medico-scientifiche in tal senso, ma soprattutto per promuovere una maggiore comprensione del ruolo che la biologia gioca nelle nostre vite, discorso che non è meno importante delle determinanti culturali e di linguaggio che il pensiero dominante vuol far prevalere.

Tuttavia, mentre esploriamo tali differenze, è altrettanto importante riconoscere che l'identità e l'espressione di genere sono concetti ampi e diversificati che vanno oltre le sole definizioni biologiche, richiedendo rispetto e accettazione in tutte le loro forme, motivo per cui ridurre la differenza tra i sessi a una mera questione biologica, seppur necessaria da recuperare, sarebbe una ipersemplificazione altrettanto fuorviante.

Simone de Beauvoir, una delle più grandi filosofe femministe del XX secolo, non a caso affermava: «Donna non si nasce, si diventa». Con ciò, de Beauvoir puntava il dito sulla componente sociale e culturale della formazione dell'identità di genere, che trascende gli aspetti puramente biologici. Ed effettivamente, anche dal punto di vista sociale e culturale, il maschile e il femminile hanno delle differenze. Infatti, come ci suggerisce la psicoanalisi, si nasce maschio o femmina, ma il diventare uomo o donna è una questione di linguaggio, di simboli e di significati sociali e culturali che, per quanto possa non piacere a qualcuno, non verranno mai annullati.

A tal proposito, vi racconto la storia di Floriana che, giunta da me per un problema di anoressia nervosa, presto portò in terapia anche una questione di disforia di genere. Il forte disagio rispetto al suo corpo era cominciato con un'ossessione verso il peso e la crescita delle forme corporee – tipiche di un disturbo anoressico – per poi sviscerare molto altro: un radicale rifiuto per un corpo che apparteneva biologicamente al campo del femminile. Sin da bambina, mi confessò durante una seduta, aveva immaginato di crescere come un maschietto e aspettava insistentemente che nel bel mezzo delle sue gambe un giorno o l'altro spuntasse un pene, rassicurandola rispetto al non diventare una donna. Una fantasia che, crescendo, non poteva non scontrarsi con la realtà: una frizione che produsse un grave malessere psicologico.

Per Floriana vivere nel corpo di una donna significava non aderire a un desiderio che necessitava di immaginarsi e percepirsi come un uomo. Questa condizione, tipica di un disturbo definito «disforia di genere», è caratterizzata proprio da questo conflitto tra la biologia d'appartenenza – il maschile o il femminile – e ciò che si vorrebbe essere dal punto di vista dell'identità – uomo o donna.

L'identità maschile o femminile è qualcosa che trascende biologia e genetica e si struttura in base a profondi movimenti psicologici, cognitivi, intellettivi ed emotivi, che si articolano in una serie di costrutti sociali e culturali. Se volessimo riprendere le parole di Simone de Beauvoir, per diventare una donna non basta nascere femmina. Specularmente potremmo dire la stessa cosa del diventare uomo, ovvero non basta nascere maschi.

Proprio nello scarto tra il nascere biologicamente in un modo e il costruire un'identità di genere socialmente e culturalmente definita si aprono una serie di infinite possibilità di crescita e di strutturazione della propria identità sessuale, una fattispecie che rende questo argomento di una complessità pressoché infinita che non può esaurirsi solo nel dibattito sociopolitico del «gender».

Più volte chiesi a Floriana perché desiderasse così tanto appartenere al sesso maschile. Mi confessò che non poteva tollerare il sentirsi donna perché l'essere donna nella sua storia e nel suo immaginario significava inequivocabilmente essere debole; al contrario, vivere una vita da maschio rappresentava la possibilità di potenza connaturata inesorabilmente ai suoi occhi con il cosiddetto «sesso forte», appunto. La storia di Floriana, che dopo la sua transizione diventò Ethan, ci fa ben cogliere quanto per alcuni di noi la componente psicologica, sociale e culturale diventi determinante nella costruzione di un'identità di genere che prescinda dalla biologia di appartenenza.

Le storie dei ragazzi e delle ragazze affetti da disforia di genere ci insegnano in modo inequivocabile come l'identità maschile e femminile – il diventare uomo o donna – possa non avere nulla a che fare con il patrimonio genetico, ma possa essere totalmente influenzata da fattori sociali e culturali. Da psicoanalista lacaniano non posso non sottolineare come, nel racconto di Floriana/Ethan, l'essere maschio diventi puramente una questione di linguaggio: la parola «forte» associata alla parola «maschio» ci fa capire come la nostra identità di genere sia fortemente influenzata da una lingua, da parole, da significanti che acquisiscono nel tempo significati particolari, che spesso riconducono a processi di identità.

Il nesso tra significanti e identità è un concetto chiave nella semiotica, nella linguistica e nelle teorie della comunicazione, soprattutto nel lavoro del linguista svizzero Ferdinand de Saussure e in quello dello psicoanalista francese Jacques Lacan.

Il significante è la componente fisica del segno, ovvero la forma sonora o visiva, come le lettere in una parola o i suoni che si producono nel pronunciarla. Ad esempio, nella parola «albero», le lettere a-l-b-e-r-o e il suono prodotto costituiscono il significante.

Il significato è il concetto o l'immagine mentale che il significante evoca. Continuando con l'esempio della parola «albero», il significato è il concetto di un organismo vegetale con tronco, rami e foglie.

L'identità è in gran parte formata e articolata attraverso il linguaggio. Le parole che usiamo e le narrazioni che adottiamo contribuiscono a definire chi siamo. Ad esempio, i modi in cui una persona parla di sé (es. «Sono italiano», «Sono maschio», «Sono timido») contribuiscono alla costruzione della sua identità personale e sociale.

L'interazione tra significanti e identità è dinamica e in continua evoluzione. I modi in cui ci identifichiamo e il modo in cui addetti ai lavori utilizzano il linguaggio per costruirci posizioni e ruoli variano nel tempo e attraverso differenti contesti sociali. Pensiamo a come negli anni i significanti legati al femminile siano cambiati e come al contrario quelli maschili si siano cristallizzati.

In questa complementare evoluzione/involuzione tra femminile e maschile risiedono gran parte dei problemi relazionali che oggi si aprono in tema d'amore. Amarsi portandosi dietro cambiamenti radicali dal punto di vista sociale e del linguaggio come nel caso delle donne, oppure amare mentre si è vittima di aspettative anacronistiche e socialmente desuete come nel caso degli uomini contemporanei, è sempre più arduo. In questa disarticolazione evolutiva tra uomo e donna si consuma il distacco siderale tra generi, e la fluidità non è certo il ponte che risolverà tale distanza.

In questo senso possiamo tranquillamente affermare che il linguaggio, le parole, i significanti e i significati legati al mondo del femminile negli ultimi duecento anni hanno subito un arricchimento e una pluralizzazione grazie all'importante impatto che il movimento femminista ha prodotto nella nostra società. Questo impatto ha distrutto, per fortuna, una serie di cliché che rendevano il significato e il senso del femminile ancorato a specifiche parole e significanti. La rivoluzione femminista è stata anche e soprattutto una grande rivoluzione di linguaggio, che si è portata dietro una destrutturazione del cliché femminile, figlio di una cultura che nasce dal Medioevo e cessa con la Seconda rivoluzione industriale.

Badate bene, la rivoluzione femminista non dovrebbe limitarsi alla critica o al superamento della struttura sociale del patriarcato – che tra l'altro oggi è difficile da identificare in strutture e contesti sociali molto evanescenti –, ma dovrebbe puntare piuttosto a stressare sempre di più il cambiamento di linguaggio che il femminismo ha iniziato a introdurre due secoli orsono. Il patriarcato non è l'unico antagonista del femminismo, e come tale non deve diventare il belzebù da rievocare quando ci sono eventi che richiamano il tema dei soprusi alle donne.

Pur non entrando nel merito di questa grande rivoluzione di linguaggio, ciò che per me è importante ribadire è che tale decostruzione di alcuni luoghi comuni nell'identità del maschio non è mai avvenuta. Mentre il femminile ha potuto avanzare socialmente e culturalmente liberandosi da molti pregiudizi sociali – definiti e definibili con una lingua discriminante –, il maschile resta vittima di stereotipi che ancora lo ingabbiano in costrutti identitari molto rigidi e soprattutto anacronistici.

Questo è il grande cortocircuito nel quale il maschile resta vittima. Da un lato l'uomo resta ancorato monoliticamente a certi cliché di linguaggio che ne congelano l'identità, dall'altro si ritrova un femminile dialetticamente contrapposto che gli mostra cosa significhi evolvere e crescere, trovando nuovi approdi sociali e culturali dal punto di vista dell'identità. Il femminile rappresenta un drammatico specchio per il maschile, in cui prende consapevolezza dell'arretratezza identitaria nel quale risulta al momento condannato.

Un'immagine plastica di questa condizione a tratti miserevole è riscontrabile in tante storie di uomini che ho potuto seguire in questi anni. Mi viene in mente quella di Antonio, un trentacinquenne che non riusciva ad avere rapporti sessuali con sua moglie, ma solo con prostitute o escort.

Per Antonio, la dimensione della sessualità era possibile solo se il suo maschile poteva esprimere un potere sul femminile. La moglie, donna emancipata e in carriera, stimata professionista e adorata dai suoi figli, non rappresentava l'oggetto di un desiderio sessuale proprio perché non poteva essere soggiogata a un potere da parte di Antonio, il quale ogni qualvolta che le si approcciava doveva scontrarsi con la propria impotenza psicologica oltre che con la disfunzione erettile. Impotenza psichica e fisica che magicamente passava con una professionista che, pagata lautamente e assoggettata attraverso il potere dei soldi, apriva la strada al piacere di Antonio. La stessa modalità accadeva con le amanti con le quali Antonio intesseva molteplici relazioni, tutte fondate su un esercizio di potere.

Nell'arco della sua analisi venne chiaramente fuori che, per Antonio, essere maschio significava avere un potere sulla partner, e che il rapporto sessuale rappresentava simbolicamente il teatro, la scena di tale potere.

L'esempio di Antonio non è certo raro ed è inesorabilmente legato non solo alla sua storia personale (è un ragazzo cresciuto in un contesto familiare arretrato e legato a stereotipi machisti), ma a un retroterra culturale e sociale che noi tutti conosciamo molto bene.

Tale riflessione si può approfondire sondando le differenze tra i maschi delle tre generazioni a noi più vicine – Generazione X (nati tra il 1965 e il 1980), Millennials (nati tra il 1981 e il 1996) e Generazione Z (nati tra il 1997 e il 2012) –, soprattutto quelle legate al modo in cui questi uomini vivono i sentimenti e le relazioni amorose sono influenzate da vari fattori (storici, tecnologici, economici e socioculturali).

La Generazione X, alla quale appartengo, è cresciuta in un'epoca in cui la comunicazione era prevalentemente analogica. Le relazioni sentimentali si sono sviluppate spesso attraverso interazioni faccia a faccia, lettere, telefoni fissi e, successivamente, i primi cellulari. L'identità maschile era francamente spesa in un mondo in profonda transizione. Molti membri di questa generazione hanno visto l'ascesa di Internet in età adulta, quindi l'adozione delle tecnologie digitali è avvenuta in un contesto già formato. Le convenzioni sociali erano ancora prevalentemente tradizionali durante la loro crescita, il che poteva influire su visioni più stereotipate dei ruoli di genere nelle relazioni.

Tuttavia, questa generazione è anche testimone delle prime grandi ondate di cambiamenti sociali riguardanti l'uguaglianza di genere, il divorzio e la liberalizzazione sessuale, che hanno senz'altro influenzato un atteggiamento più pratico e moderno, ma anche più confuso rispetto alle relazioni amorose.

Probabilmente l'identità maschile della Gen X ha radicalizzato la stabilità nei rapporti con una visione più pragmatica dell'amore rispetto alle generazioni successive, anche in relazione a una «crisi» legata al mondo in transizione.

I Millennials, invece, hanno vissuto l'inizio dell'era digitale e lo sviluppo delle reti sociali. Hanno legato le loro relazioni amorose alla crescente influenza di Internet e dei social media, anche se inizialmente le loro esperienze erano meno digitali rispetto alla Gen Z. Le app di dating online sono diventate comuni durante la loro età adulta, cambiando il modo in cui hanno cercato e sviluppato le relazioni affettive, sessuali, amorose.

La mascolinità dei Millennials si è profondamente confrontata con le diversità di genere e di orientamento sessuale, tendendo a negoziare ruoli più paritari all'interno delle relazioni. Eventi economici come la crisi del 2008 hanno influenzato i maschi Millennials nelle loro priorità e nei loro tempi di vita, ritardando probabilmente un processo di cambiamento identitario nel ruolo maschile: ne è la prova la deviazione dai tradizionali «cammini» relazionali, come il matrimonio e avere figli, che in questi anni hanno subito drastici cali. Nelle relazioni, i maschi millennials possono essere più orientati verso l'equilibrio tra vita personale e professionale, e meno propensi a sacrificarsi per l'altro.

La Generazione Z è cresciuta immersa nella tecnologia digitale, con i social media e la connessione costante come parte integrante della propria vita. Ciò influenza profondamente il modo in cui formano, mantengono e percepiscono le relazioni amorose. L'interazione attraverso app di messaggistica, social network e piattaforme di videochiamata è naturale per questa generazione, portando a nuove dinamiche come il ghosting e la FOMO (*Fear of Missing Out*, ovvero la paura di perdersi qualcosa mentre si è impegnati in altro).

C'è una maggiore accettazione delle fluidità di genere e orientamento sessuale, con una varietà più ampia di relazioni percepite come normali e accettabili.

I maschi della Generazione Z esprimono tendenzialmente meno interesse nei tradizionali ruoli di genere e sono più aperti a esplorare diverse configurazioni relazionali, inclusa la non monogamia consensuale. Probabilmente, la crisi maschile della Gen X e il ritardo evolutivo dei Millennials si cristallizzano in un'evaporazione della questione identitaria maschile nella Gen Z, che fa proprio il tema della fluidità.

Da un lato, c'è il femminile che cambia e consolida un'identità in mutamento e al passo con i tempi, svezzata al progresso dalle battaglie femministe. Dall'altro, c'è un maschile che arranca rispetto al cambiamento sociale degli ultimi quarant'anni proprio perché mai abituato a modificare il proprio linguaggio, il proprio ruolo sociale e le proprie basi culturali.

Noi maschi siamo davvero senza bussola? Oppure semplicemente ancora non c'è una nuova idea del maschile?

Tornando ad Antonio, potremmo comprendere che non vi è oggi alcun potere da esercitare in quanto maschio, nei confronti di una donna figlia di una rivoluzione che dura da più di due secoli e in un mondo in profondo mutamento. In altri termini, il maschio, l'uomo, il maschile non sono vittima di un narcisismo tossico, come volgarmente sentiamo dire su rotocalchi, social e programmi televisivi, ma di una crisi di identità legata a una mancata evoluzione culturale e di linguaggio che si scontra tutti i giorni con un mondo nuovo e con un femminile diverso.

Le aspettative di genere che, tra l'altro, prima si definivano più nella sfera privata rispetto a quella pubblica, ora creano tensioni e pressioni che influenzano profondamente l'identità e la relazione con se stessi e con gli altri, proprio perché la rivoluzione femminista ha spostato il piano di discussione sul genere dal privato al pubblico (politico, sociale e culturale).

Ma, come sostiene Hannah Arendt riflettendo sulla condizione umana, ciò che è pubblico e ciò che è privato sono due sfere distinte ma molto interconnesse: la crisi profonda di una dialettica tra sessi che ha smesso di funzionare sia nell'amore, sia nella sessualità ma anche nella semplice coesistenza sociale, purtroppo sempre più spesso si trasforma in tragedia in cui la morte, come nei casi di omicidi a opera di uomini nei confronti delle donne, diventa qualcosa di reale che entra nella relazione.

4

Lasciati Essere: Io, l'Altro e il Riconoscimento

In un mondo in cui le storie d'amore trovano costantemente spazio nelle pagine dei romanzi, nei ritornelli delle canzoni e nelle scene dei film, l'amore romantico è diventato il protagonista indiscusso delle nostre concezioni relazionali. Ci viene insegnato fin da giovani a sognare quel «vissero felici e contenti», quell'ideale sentimentale che sembra essere la chiave di volta per una vita completa e appagante. Una visione edulcorata e irrealistica che non fa che condannarci all'insoddisfazione e a una comprensione ridotta della complessità delle relazioni umane.

Dipendere da quest'unica visione dell'amore può limitare e distorcere la nostra capacità di formare legami autentici, basati su rispetto reciproco, comprensione profonda dell'altro, crescita congiunta. Anche per questo, oltre che per non condannarci alla frustrazione nelle nostre aspettative amorose, è indispensabile riconoscere e valorizzare le molteplici forme di amore e connessione che esistono al di là del romanticismo tradizionale.

Man mano che ci immergiamo nel discorso amoroso, ci renderemo conto che ampliando la nostra prospettiva possiamo sviluppare una vita emotiva più ricca e diversificata.

In una cultura come la nostra, che celebra il romanticismo ideale e disdegna le forme di relazione basate sulla concretezza, ci viene forse più naturale incasellare i legami amorosi in categorie contrapposte: da un lato, l'amore romantico, immaginato come puro e altruista; dall'altro, l'amore narcisistico, caratterizzato da egoismo e autoindulgenza.

Ma cosa succederebbe se provassimo a pensare l'amore con categorie diverse dal solito?

Addentriamoci insieme in un territorio meno battuto, dove le linee dell'amore si scompongono e si ricompongono in configurazioni inaspettate: esploreremo la ricca gamma di esperienze emotive e dinamiche relazionali che esistono al di fuori delle rigide visioni convenzionali. Lontani dagli stereotipi, scopriremo nuovi confini di autenticità e complessità.

Karl Marx può essere definito come uno dei pensatori meno romantici della storia, con una visione dell'amore decisamente molto materialistica. A suo avviso il legame tra uomo e donna è una delle relazioni fondamentali della società umana, una manifestazione primaria delle relazioni sociali: un modo per spiegare che le dinamiche tra i sessi riflettono più ampie strutture sociali ed economiche. La relazione tra due individui – uomo e donna o tra persone dello stesso sesso –, essendo immediata e naturale, è una base dalla quale si possono osservare e comprendere i rapporti di potere, dipendenze e disuguaglianze nelle società capitalistiche, ma è anche il punto da cui partire nel dire che nell'amore vi è una radice inossidabile che determina il legame tra gli esseri umani.

Senza amore non ci sarebbe la collettività e questo non dovremmo mai dimenticarlo: amore inteso come un rapporto necessario che è garante della struttura sociale.

L'amore che la cultura mainstream ci presenta, invece, è spesso dipinto con colori vivaci, alimentato da un impeto incontenibile di passioni e desideri. Sin dai primordi della letteratura romantica e delle pellicole hollywoodiane, l'amore è stato trattato come un fuoco che brucia intensamente, un turbine che afferra i cuori e li sospinge verso l'estasi. «L'amore ti prende e ti travolge,» ci dicono «ti fa sentire vivo come nient'altro al mondo.»

Questa rappresentazione non è priva di fascino: c'è qualcosa di irresistibilmente attraente nell'idea di abbandonarsi completamente a sentimenti così forti da farci perdere il senso della realtà, soprattutto quando la cifra umana tende alla solitudine. Di fronte all'amore passionale, si dimenticano le incertezze quotidiane, le noiose routine, i limiti della razionalità. È una concezione che esalta l'imprevedibilità e la fragorosa intensità dei primi baci, degli addii al tramonto, delle lacrime e delle risate condivise in momenti di vulnerabilità estrema, e che probabilmente mitiga l'essenza di un contesto sociale dove la rete delle relazioni umane oggi mostra la sua fragilità. Tuttavia, c'è un limite insito in questa concezione eccessivamente romantica e impetuosa dell'amore: l'euforia della passione, infatti, è spesso ingannevole.

Come un fuoco che brucia senza tregua, questa idea dell'amore-passione rischia di catturare lo sguardo, la mente e il cuore delle persone senza dare loro la possibilità di andare oltre. Sembra condannarci a cercare costantemente l'ebbrezza iniziale, temendo che al suo svanire segua un'impietosa caduta nel vuoto.

Ma se ci soffermiamo un momento a riflettere, ci rendiamo conto che l'amore autentico può assumere molteplici forme, alcune delle quali non meno appaganti e profonde, sebbene meno appariscenti. È l'amore che cresce nel tempo, che si evolve attraverso le difficoltà, che si nutre della routine quotidiana e delle piccole sfide di ogni giorno.

La concezione dell'amore basata sull'impeto delle passioni può creare false aspettative e, nei casi peggiori, può farci dubitare della validità della nostra relazione quando la fase intensamente emotiva si affievolisce. L'idea che una relazione debba mantenere inalterata quella furia passionale per essere considerata autentica può essere infatti tanto irrealistica quanto dannosa. È in questo contesto che entra in scena la necessità di una nuova narrazione, che celebri non solo l'euforia della passione, ma anche la consistenza della presenza dell'Altro nella nostra vita.

Proprio come sosteneva Marx, l'essere umano è, per sua natura, un animale sociale; questa affermazione, tanto influente quanto semplice, racchiude in sé profonde implicazioni per la concezione dell'amore e delle relazioni umane. L'uomo non è fatto per vivere isolato dall'Altro, bensì trova la sua realizzazione autentica solo all'interno di quella complessa rete di relazioni che costituisce la comunità.

«*Zoon politikon*» (animale politico) era l'espressione che usava Aristotele per indicare proprio la dimensione comunitaria della nostra esistenza. La socialità non era vista solo come una caratteristica accessoria, ma come un elemento fondamentale della nostra essenza, un bisogno primario come il nutrimento o il riposo.

Nell'ambito dell'amore, questa idea si manifesta con ancora maggiore intensità. Il bisogno di connessione, di affetto e di intimità con un altro essere umano non è soltanto un impulso che emerge di tanto in tanto, ma una spinta primordiale che cerca di soddisfare la nostra natura di esseri sociali. Amarci reciprocamente ci permette di completare la nostra identità, di riconoscere e rispecchiare la nostra umanità nelle azioni, nei pensieri e nei sentimenti dell'Altro.

L'amore, considerato sotto questa luce, diventa la verità grazie alla quale la nostra natura sociale fiorisce completamente. Le relazioni amorose – che si tratti di amicizie strette, dell'amore tra genitori e figli o dell'intimità tra partner – sono i contesti attraverso i quali mettiamo in pratica, testiamo e sviluppiamo quella socialità che è endemica in noi.

L'impeto delle passioni diventa allora una semplice manifestazione superficiale di un bisogno molto più profondo: il bisogno di appartenere, di condividere, di essere in reciproco scambio con l'Altro.

Di contro, rispettare questa dimensione sociale dell'amore equivale a rifuggire l'idea narcisistica e autarchica della relazione, dove l'Altro viene visto come semplice mezzo per soddisfare desideri egoistici. Al contrario, imparare ad amare richiede apertura e capacità di ascolto, un desiderio di costruire un bene comune che va oltre i confini del sé individuale.

È nel far rivivere l'amore nella sua dimensione sociale che possiamo sperare di fermare le mani sporche di sangue di quegli uomini che uccidono le donne perché hanno vissuto educati a un amore solitario, chiuso nella cecità della monade romantica della coppia che sopravvive a se stessa. Se l'amore diventa la base sociale della vita collettiva sarà molto più difficile uccidere dopo un rifiuto o un tradimento.

In questa prospettiva, l'amore non è più solo l'eccitazione di un momento o l'intensità delle prime scintille, ma una costruzione paziente che si ravviva attraverso il dialogo, il rispetto reciproco e la solidarietà. È un impegno continuo verso un obiettivo comune e un riconoscimento che, per quanto diversi siamo, ogni singola connessione contribuisce alla nostra completa umanità.

Nel dedalo intricato delle nostre esistenze, l'amore emerge spesso come faro luminoso, attestando la centralità dell'Altro nella definizione profonda del nostro essere. Molti pensatori, lungo i secoli, hanno riflettuto sull'importanza della relazione, della connessione e della presenza dell'Altro come fondamento essenziale della nostra umanità. Esplorare queste riflessioni non solo illumina il ruolo dell'amore nelle nostre vite, ma ci invita anche a riconoscerlo come dimensione imprescindibile della nostra essenza sociale.

Nell'incontro con il volto dell'Altro, avviene una chiamata alla responsabilità e alla reciprocità. L'amore, in questo senso, diventa un'ospitalità dell'anima, una risposta all'invocazione dell'Altro che chiede di essere visto, ascoltato e rispettato, come ci insegna il filosofo francese Emmanuel Lévinas. Una visione dell'amore che oltrepassa l'interazione conflittuale del narcisismo e diventa un territorio di autentica reciprocità e cooperazione, riconoscendo il valore dell'esistenza altrui come coessenziale alla propria.

La nostra vita e il nostro benessere sono inestricabilmente legati alla presenza dell'Altro. L'amore diventa quindi il tessuto fondamentale che ci unisce, costruisce e restituisce una visione chiara di ciò che significa essere umani. Sentirsi amati e amare, così, non è solo un lusso o un desiderio, ma una necessità ontologica che ci radica in un esistenziale fluire di vita condivisa, riaffermando continuamente la nostra essenza di esseri profondamente, inevitabilmente sociali.

La presenza dell'Altro non è solo uno specchio in cui riflettere il nostro volto, ma è soprattutto l'orizzonte che ci invita a un viaggio commovente e impegnativo verso la scoperta e la realizzazione di ciò che realmente siamo. Questo viaggio, che si attua attraverso l'amore, rappresenta un'eredità preziosa che trascende il tempo e lo spazio, rendendo ogni incontro umano una possibile porta verso l'infinito.

C'è un passaggio del *Seminario VIII* di Lacan sul transfert che racchiude in modo potente e magistrale l'immagine dell'amore come emblema della preziosità della presenza dell'Altro nella nostra vita.

Lacan riprende la domanda esistenziale per antonomasia – Io chi sono? – e precisa che «"al che cosa sono io?" non c'è altra risposta, a livello dell'Altro, se non "lasciati essere"».[12]

Per comprendere meglio questa famosa affermazione, possiamo considerare alcuni dei punti chiave della sua psicoanalisi.

Innanzitutto, per Lacan, l'Altro non è semplicemente un'altra persona nell'accezione quotidiana del termine, ma rappresenta uno spazio simbolico; è il luogo della parola, del campo del linguaggio, delle norme sociali e culturali che costituisce la nostra soggettività. È nel contesto di questo simbolico che il soggetto trova il proprio posto, si definisce e si riscopre continuamente.

Con questa premessa, la risposta «lasciati essere» emergerebbe come un imperativo puro ed essenziale. Cosa intendeva Lacan con questa frase apparentemente semplice, eppure, tanto ricca di implicazioni?

Nel contesto del discorso lacaniano, «lasciati essere» può essere visto come un invito all'accettazione radicale del nostro essere incompiuti, un'acquiescenza alla contingente e instabile natura della nostra identità. Lasciarsi essere nell'amore (così come nella vita), allora, non significa semplicemente lasciarsi andare, ma predisporsi all'importanza e all'impatto dell'Altro nella nostra esistenza, che produce trasformazione e riconoscimento reciproco nella dialettica della relazione amorosa.

Amare qualcuno, ed essere amati a nostra volta, è un processo che non riduce né tenta di definire staticamente chi siamo; al contrario, l'amore riconosce e incoraggia quella parte di noi che rimane sempre aperta al divenire nella relazione con l'Altro. Racchiudendo la complessità di Lacan, quando ci chiediamo «Che cosa sono io?», l'amore risponde sottolineando la necessità di accettare e vivere l'alterità radicale che definiamo «altri». È un processo di amore-impegno che abbraccia ed espande il nostro essere intrinsecamente frammentato e cangiante.

L'incontro autentico con l'Altro è una chiamata etica oltre che passionale, un riconoscimento della propria vulnerabilità e incompletezza. In questo spazio, «lasciati essere» si trasforma in un invito a riconoscere anche la richiesta di ospitalità e di accoglienza presente nel volto dell'Altro.

Il «lasciati essere» ci guida verso l'idea che la nostra identità si manifesta e si riconosce genuinamente solo in un dialogo aperto con l'Altro. «Lasciati essere» riflette, in questo senso, un invito costante a coinvolgersi in una relazione Io-Tu, in cui ogni incontro è una finestra aperta sull'oltre, allo scoperto.

Nell'amore, dunque, secondo Lacan ci è richiesto di possedere una consapevolezza profonda della nostra natura dialettica in una danza continua di scoperta e di costruzione. Cosa significa in definitiva «lasciati essere»? Abbandonare la pretesa di catturare e definire completamente l'identità propria o altrui, accettando invece la dinamica continua di eterorealizzazione attraverso gli occhi degli altri, riconoscendo il valore incommensurabile dell'alterità come una parte integra e vitale di chi siamo.

Ogni atto d'amore, da questa prospettiva, è essenzialmente una domanda rivolta all'Altro, una sorta di invocazione tacita o esplicita: «Mi ami?». È un grido esistenziale che cerca di appagare il proprio bisogno di riconoscimento. Amare, dunque, non tanto l'oggetto d'amore in sé, ma ciò che quel soggetto può restituire in termini di riconoscimento e conferma del proprio valore e della propria esistenza.

Immaginiamo un partner, Anna, in una continua ricerca di segni e gesti che confermino l'amore dell'Altro. Anna si domanda costantemente: «Mi pensa? Mi desidera? Continua a considerarmi importante?». Queste domande riflettono il suo bisogno di colmare la propria fragilità e di essere rassicurata attraverso l'Altro. L'amore, per Anna, diventa così una domanda continua di riconoscimento.

Per comprendere a fondo la concezione lacaniana dell'amore come «domanda d'amore», è fondamentale analizzare il concetto stesso di «domanda». Nel quadro teorico di Lacan, essa occupa un posto di primo piano come modalità essenziale dell'esistenza del soggetto. La domanda non è semplicemente una richiesta di qualcosa in particolare, ma rappresenta una manifestazione più profonda del bisogno umano di rapporto e riconoscimento. Si colloca quindi in una dimensione che va oltre la pura necessità materiale; è una richiesta di appartenenza, accettazione e conferma nell'universo simbolico.

La domanda si situa principalmente nell'ordine del simbolico, sfera che include il linguaggio, le leggi, le convenzioni sociali, tutte le strutture che danno forma e senso alla vita soggettiva attraverso simboli e significati condivisi. Mentre il bisogno può essere soddisfatto con la somministrazione di oggetti concreti (ad esempio il cibo per la fame), la domanda esprime un bisogno che può essere colmato solo parzialmente e rimane sempre in parte insoddisfatto.

Lacan postula che ogni domanda include implicitamente la richiesta di amore. Non si limita a segnalare un bisogno fisiologico, ma contiene anche, a un livello più profondo, un messaggio rivolto all'Altro, quello di essere riconosciuti nella necessità pura di esistere. Non si tratta mai solo di ottenere un sì o un no; ogni risposta apre una dimensione di ulteriori interpretazioni e incertezze. Questo rende l'amore una continua attività di negoziazione simbolica – altro che romanticismo! –, in cui i soggetti si sentono e si riscoprono nel costante rincorrersi del desiderio e della mancanza.

Per chiarire ulteriormente, immaginiamo una coppia, Luca e Carla. Quando Luca chiede a Carla «Mi ami?», non cerca soltanto un conforto verbale, un «Sì, ti amo». La sua domanda veicola molta della propria vulnerabilità, dell'esigenza di riconoscimento e di risposta emozionale che va oltre le parole pronunciate. Carla, rispondendo, entra nel gioco simbolico divenendo cocreatrice della realtà emotiva in cui Luca si percepisce. Tuttavia, ciascuna risposta non può mai essere esaustiva perché Luca, nella sua essenza soggettiva, rimarrà sempre incompleto e la sua domanda di amore rimarrà per sempre insoddisfatta.

L'amore non è che una domanda, probabilmente la più preziosa e importante, una domanda che mette l'Altro nella posizione essenziale di chi ha il compito – anche il dovere direi – di darci dignità di esistenza, è nel rispecchiamento attraverso lo sguardo di chi mi ama che posso comprendere di esistere. L'amore non è dunque una conferma del proprio ideale come nel caso del narcisismo (sia esso maschile che femminile), l'amore non deve e non può confermare il concetto di ciò che ci piacerebbe essere poiché l'amore può solo dirci che esistiamo con l'Altro. È un punto interrogativo posto a qualcuno che è chiamato a rispondere attraverso una presenza simbolica che mira a restituirci il senso della nostra esistenza. Amare vuol dire questo, in tutte le sue forme: garantire con lo sguardo, con la presenza, con il gesto che si può esistere perché la vita è sempre Altro.

Lasciati essere vuol dire esistere nell'Altro.

5
L'Amore tra Paranoia e Potere: la sfida dell'uguaglianza nelle relazioni

Durante una tavolata con amici in Sicilia, un mio amico si rovesciò una generosa cucchiaiata di pasta alla norma sui pantaloni di lino. Tra chi si prodigava per aiutarlo e chi sogghignava prendendosi gioco del suo fare maldestro, a me venne in mente di risolvere il problema. «Puoi portarlo in lavanderia!» dissi a Lucia, sua moglie, che mi sedeva di fronte. «Qui nel villaggio ce n'è una rapidissima, vedrai che in ventiquattr'ore te lo ridanno come nuovo.» Lucia mi guardò inviperita e mi intimò, lapidaria: «Scusa, ma perché lo dici a me? Dillo a lui se proprio ci tieni ai suoi pantaloni».

L'accusa era palese: il fatto che io mi fossi rivolto a lei e non a lui in merito all'occuparsi di abiti sporchi mi aveva procurato un'accusa di maschilismo. Il mio intento era ovviamente legato a una logica affettuosa e benevola (peraltro: mi sarei rivolto a lui se lei fosse stata intenta ad armeggiare con sugo e melanzane fritte sulla sua gonna), ma la risposta di Lucia, puntuta e piccata, mi fece riflettere a lungo.

Così quella sera, mentre tutti dormivano e io ero sveglio a osservare il cielo notturno, ripensai alla discrasia tra un discorso che sostiene un gesto d'amore e una risposta quasi predeterminata da un canovaccio linguistico che intravede ovunque – anche in un banale aiuto fornito di slancio – un'essenza maschilista, discriminatoria e di prevaricazione di un sesso sull'altro.

Da psichiatra psicoanalista non posso non interpretare questa dinamica fondata su una logica paranoica, che con frequenza sempre maggiore colpisce la società oggi e che confonde, in modo molto chiaro e molto pericoloso, il tema dell'amore con le questioni inerenti femminismo e maschilismo. Io mi ponevo verso una donna tentando di favorire un gesto d'attenzione e amore, lei lo bollava senza appello come un gesto di matrice maschilista.

Questa storia, per quanto possa sembrare di poco conto, rischia di essere indicativa di una dinamica sociale e culturale che oggi probabilmente sostiene la crisi dell'amore e dei rapporti di coppia, una paranoia strisciante che spesso si insinua nelle nostre case.

Se c'è una cosa a cui dobbiamo aggrapparci per ritornare a sostenere un discorso amoroso è che l'amore non può assolutamente coesistere con la paranoia. Così come nella prima parte di questo libro abbiamo visto che non c'è nessun punto di contatto tra narcisismo e amore, con la medesima forza sottolineo il fatto che se vi è paranoia in una coppia, se a prevalere – in una coppia come in una società – è la cultura del sospetto, a pagare il conto più salato saranno le relazioni amorose ed erotiche.

Se meccanismi come questi minano alla radice la possibilità di vivere rapporti di coppia sereni è evidente – almeno a chi, come me, osserva e si interroga sulle dinamiche psichiche e sociali contemporanee – che il tema da affrontare è quello di come il potere si muova all'interno delle relazioni e di come tale potere spesso, oggi, venga percepito dalle donne in modo diffuso e trasversale.

C'è un esempio socioculturale che spiega in modo emblematico il rischio di involuzione che può correre un'ideologia che, pur partendo dal legittimo tema del riequilibrio di potere tra sessi, rischia di cristallizzarsi nella caccia agli stregoni: il movimento #MeToo.

Nel 2006, negli Stati Uniti, l'attivista Tarana Burke avvia il movimento Me Too come parte del lavoro condotto per l'associazione no-profit Just Be, Inc., dedicata alle donne e alle ragazze nere che hanno subito violenza sessuale. Il movimento nasce quindi come una forma di solidarietà e supporto per le sopravvissute, con l'intento di fornire empatia e risorse. Ma, nell'ottobre 2017, esplode a livello mondiale, diventando virale sui social media, quando l'attrice Alyssa Milano incoraggia le donne che hanno subito molestie o violenze sessuali a utilizzare l'hashtag #MeToo su Twitter, per mostrare quanto diffuso e capillare sia il problema. Questa chiamata alle armi segue le accuse di abuso sessuale contro il famoso produttore cinematografico Harvey Weinstein. L'hashtag #MeToo viene utilizzato milioni di volte su Twitter e altre piattaforme social in Paesi anche molto lontani dagli Stati Uniti, sottolineando quanto siano diffusi gli abusi sessuali e le molestie, non solo nell'industria dell'intrattenimento, ma anche in altre professioni e altri contesti sociali.

Dopo le accuse contro Weinstein, molte altre persone di alto profilo, tra cui politici, imprenditori e celebrità, vengono accusate di abusi sessuali – Louis C.K., Kevin Spacey, Matt Lauer tra gli altri – e, in alcuni casi come quello dello stesso Weinstein, poi condannato nel 2020, si aprono processi per reati di violenza sessuale e stupro.

Da Twitter alle aule di tribunale e al senso comune, il movimento assume il ruolo di nuova cornice ideologica del femminismo contemporaneo, incoraggiando le organizzazioni a migliorare le loro politiche di prevenzione degli abusi sessuali e a sensibilizzare l'opinione pubblica sui temi delle molestie e della parità di genere.

Oggi, Tarana Burke continua a fare attivismo attraverso la fondazione Me Too, focalizzata sui supporti economici ed emotivi per le sopravvissute, con speciale attenzione alle comunità marginalizzate. E #MeToo ispira e si intreccia con altri movimenti come #TimesUp, un'iniziativa di donne di Hollywood per combattere la discriminazione e le molestie nel settore dell'intrattenimento attraverso un fondo per le spese legali delle vittime.

Mi preme sottolineare la trasformazione da movimento dalla difesa delle donne afroamericane abusate a megafono per le star di Hollywood, tipico processo woke di una certa cultura elitaria americana che ama inglobare ogni tema sociale legato all'emarginazione per renderlo un fenomeno social e di richiamo mediatico.

Questo movimento, nato con un'identità chiara legata al tema della violenza sessuale, è poi diventato riferimento culturale per le battaglie di parità di genere e contro le discriminazioni subite dalle donne. Con effetti dilagati ben oltre le premesse iniziali: ha avuto un impatto profondo e complesso sulle nuove generazioni, producendo sia aspetti positivi che critiche e controversie; ha educato un'intera generazione su temi prima spesso sottovalutati o ignorati, come le molestie e le aggressioni sessuali; ha contribuito a un cambiamento culturale più ampio, rendendo stigmatizzati comportamenti che una volta erano accettati o minimizzati.

Ma ogni medaglia ha il suo rovescio e una delle critiche al movimento è che, in alcuni casi, le pubbliche accuse e la pressione mediatica hanno portato conseguenze immediate e severe per gli accusati senza – o prima che ci fosse – il dovuto processo legale. E, da psicoanalista, non posso che notare e farvi notare come la tendenza a eccedere con le accuse sia la base su cui si struttura una dinamica sociale di tipo paranoideo.

Il #MeToo, inoltre, è spesso associato al fenomeno della cancel culture, ovvero la pratica di boicottare ed escludere figure pubbliche che sono state accusate di comportamenti scorretti.

Paradossalmente, la forte enfasi sulla denuncia e sulla visibilità dei casi di abuso ha dato adito a creare un ambiente di paura e diffidenza che ostacola le relazioni autentiche e il naturale sviluppo delle interazioni sociali tra i generi.

Il grande paradosso del nostro tempo e della cultura occidentale è proprio questo: i movimenti nati a tutela dei diritti si trasformano nel tempo in strumenti di segregazione e difesa di stereotipi pericolosi.

Mi viene in mente il ricordo di una donna di trentacinque anni che ho seguito qualche anno fa per un problema di depressione che si collegava, nelle sue parole, alla sua vita affettiva. Le storie d'amore di Anna, promettente avvocata, erano infatti sempre associate a un vissuto depressivo che ne preannunciava l'interruzione.

Durante il percorso di analisi venne fuori un importante problema di anorgasmia: Anna non riusciva mai a raggiungere l'orgasmo durante i rapporti sessuali, vissuti come un «obbligo» da adempiere. La disperazione toccò l'apice quando Anna scoprì il tradimento di un partner attraverso la confessione dell'amante. Un trauma che, nel tempo dell'analisi, lasciò spazio ai ricordi di una madre e di una zia che avevano cresciuto la bambina con un mantra inequivocabile: mai fidarsi degli uomini! Le due donne avevano inculcato nella testa di una bambina, poi adolescente, che gli uomini sono inaffidabili, traditori, predatori e poco sensibili. Insomma, la summa della serie di luoghi comuni che girano intorno al sesso maschile.

Quale piacere poteva a questo punto essere possibile con esseri così deprecabili? Quale allegria poteva insaporire relazioni che non sarebbero mai andate a buon fine?

La situazione si stabilizzò quando Anna divenne l'amante di un uomo sposato. Nella posizione dell'amante Anna confermava lo stereotipo inconscio che le era stato tramandato e, al tempo stesso, si difendeva da esso mettendosi nella posizione di non poterne esserne vittima, poiché non rivestiva il ruolo della partner ufficiale.

Se la cultura attuale esalta il tema del potere come fonte di discriminazione nella coppia e, come abbiamo visto, tale esaltazione alimenta il clima di paranoia all'interno delle relazioni, la risposta potrebbe sembrare porre enfasi sull'uguaglianza nel rapporto.

Viviamo immersi nel mito dell'uguaglianza: in un mondo dove le disparità sono atrocemente visibili e impattanti, ci rifugiamo in una narrazione ripetitiva e stucchevole sul tema dell'essere tutti «uguali».

Nel merito della questione amorosa, confondere il concetto di uguaglianza sociale con quello di uguaglianza all'interno della coppia è stata un'operazione socioculturale non da poco e che ha dei risvolti notevoli nell'economia delle relazioni amorose. Mescolare il tema della parità dei diritti tra uomo e donna con quello della dinamica relazionale amorosa è davvero un grande rischio. Illudersi che i rapporti di coppia si possano fondare su due individui che sono sempre sullo stesso piano è l'antitesi del discorso amoroso.

Vi dimostro il perché attraverso il pensiero di un imminente personaggio classico: Platone.

Il filosofo ci parla d'amore – «*eros*», in greco – in una delle sue opere più conosciute, ovvero il *Simposio*.

Il dialogo si svolge nel corso di un banchetto tra amici, che si riuniscono per celebrare il tragico poeta Agatone dopo la sua vittoria in un concorso teatrale. Ognuno dei partecipanti al banchetto è invitato a fare un discorso in lode di Eros, il dio dell'amore e del desiderio.

Il *Simposio* è quindi strutturato come una serie di discorsi pronunciati dai vari protagonisti, ognuno dei quali offre una diversa prospettiva sull'amore.

Fedro lo descrive come la più antica delle divinità e la forza più potente capace di spingere gli uomini a realizzare grandi gesta, soprattutto per via dell'onore e della vergogna. Sottolinea come l'amore possa ispirare il coraggio e le virtù eroiche, usando esempi tratti dalla mitologia e dalla storia.

Pausania distingue tra due tipi di amore: l'amore volgare (comune) e l'amore celeste (divino). Il primo è fisico e temporaneo, legato al desiderio carnale e alla soddisfazione immediata, mentre il secondo è spirituale e duraturo, orientato verso la bellezza dell'anima e la saggezza.

Il medico Erissimaco applica le sue conoscenze professionali alla teoria dell'amore, argomentando che quest'ultimo è una forza cosmica unificante presente in tutta la natura e in tutte le attività umane, dalla medicina alla musica. Vede l'amore come un principio di equilibrio e armonia universale.

Il commediografo Aristofane racconta un mito poetico sugli esseri umani, originariamente uniti in coppie sferiche di tre tipi: maschio/maschio, femmina/femmina e maschio/femmina. Questi esseri furono divisi da Zeus come punizione per la loro superbia. L'amore, secondo Aristofane, è quindi la ricerca della nostra metà perduta, un tentativo di ritrovare la completezza originale.

Il festeggiato Agatone celebra l'amore come il più giovane e bello degli dei, caratterizzato da tutte le virtù: amorevolezza, giustizia, temperanza e saggezza. Dipinge un quadro ideale e quasi divino dell'amore, focalizzandosi sulla sua natura eterea e perfetta.

Socrate, attraverso un dialogo con Diotima, una sacerdotessa sapiente, propone una visione più filosofica dell'amore.

Il bell'Alcibiade, infine, arriva ubriaco e interrompe la discussione con un elogio di Socrate, raccontando come il suo amore per il filosofo non sia corrisposto e di come l'uomo sia immune ai piaceri sensibili e completamente dedicato alla ricerca della virtù e della verità.

Il *Simposio* è un testo che definisce l'eros nella sua dimensione concreta, erotica, vitale, per poi suggerirne una trascendenza che si incarna nel discorso di Socrate.

Nella società ateniese dell'epoca di Platone, i sistemi di relazioni facevano spesso parte della struttura educativa e sociale. L'idea era che attraverso il legame con l'erastes (l'amante attivo), il giovane eromenos (l'amato passivo) avrebbe imparato le virtù della cittadinanza, del coraggio, della saggezza. Questo tipo di relazione era considerato un modo rispettabile per trasmettere valori e conoscenze tra generazioni.

La logica amorosa classica era chiara: vi era una differenza tra gli amanti in termini di posizione sociale, culturale più elevata che attraverso il legame amoroso si annullava o riduceva attraverso il dono al giovane amato delle cose di cui egli mancava poiché era più inesperto e socialmente meno competente del primo.

L'erastes era l'amante adulto, spesso un uomo più anziano che prendeva un giovane sotto la sua ala per educarlo, guidarlo e nutrire una relazione affettiva e sessuale. In questa dinamica, l'erastes rappresentava la figura attiva che guida e protegge.

L'eromenos era invece il giovane amato, generalmente un adolescente di buona famiglia che accettava l'amore e l'insegnamento dell'erastes. L'eromenos assumeva il ruolo passivo, beneficiando dell'esperienza e della saggezza del suo amante.

In questa cornice su cui si struttura la forma di amore classico, non vi è nessuna forma di parità, anzi il tutto sembrerebbe funzionare proprio perché in una condizione im-pari la seduzione trova spazio e si alimenta.

Ad esempio, Pausania, nel suo discorso, distingue tra due forme di amore, affermando che l'amore nobile (celeste) si manifesta più spesso nelle relazioni tra erastes ed eromenos, poiché è non solo eros del corpo ma anche eros dell'anima e della mente, orientato verso il miglioramento morale e intellettuale.

L'apoteosi dell'eros fondato sulla dis-parità che rappresenta l'essenza della concezione dell'amore filosofico classico è rintracciabile nel botta e risposta tra Alcibiade e Socrate.

La scena comincia con l'arrivo di Alcibiade, che entra nella casa di Agatone ubriaco e ornato di ghirlande, interrompendo i discorsi sugli elogi di Eros. Destabilizza i partecipanti e porta con sé un'atmosfera di eccitazione e sorpresa.

Alcibiade domanda se può unirsi al dialogo lodando Socrate anziché Eros, ottenendo il consenso dei presenti. Comincia allora a descrivere Socrate in termini sorprendenti e altamente contrastanti. Lo paragona alle raffigurazioni scultoree dei sileni, dall'aspetto esterno brutale e grottesco ma che, una volta aperte, rivelano meraviglie divine. Questa metafora sottolinea il contrasto tra l'aspetto esteriore ordinario e trasandato di Socrate e la sua ricca sapienza interiore.

Alcibiade racconta come fosse attratto irresistibilmente dalla profonda saggezza e virtù di Socrate, che lo spronava a guardare dentro di sé e a perseguire il miglioramento morale, invece dei piaceri superficiali. Il ragazzo confessa che, per avvicinarsi a Socrate e guadagnarne il favore, cercava di sedurlo offrendo la propria bellezza giovanile (tipico ruolo dell'eromenos), ma inutilmente: Socrate non cedette mai e respinse costantemente le sue avances erotiche, mantenendo la propria integrità morale.

Tra gli episodi narrati, Alcibiade racconta come durante la campagna militare avesse visto il coraggio sovrumano e l'autocontrollo di Socrate in battaglia. Lo ritrae come un uomo capace di immense privazioni e straordinario coraggio, al di là degli impulsi ordinari alla paura o al desiderio fisico.

In altre parole, Alcibiade è follemente innamorato di Socrate in ragione delle sue innumerevoli virtù, anche se l'immagine del filosofo appare alquanto respingente.

Per comprendere meglio la dinamica dell'eros che si struttura sulla dis-parità rileggiamo alcuni passaggi del testo.

Alcibiade afferma: «Niente, infatti, è più importante ai miei occhi che migliorare il più possibile me stesso, e io penso che su questa strada nessuno mi può aiutare più di te. Quindi mi vergognerei dinanzi alle persone sagge di non cedere ad un uomo come te più di quanto mi vergognerei dinanzi alla massa degli ignoranti di cedere».

Socrate gli risponde: «Mio caro Alcibiade, se quel che dici sul mio conto è vero, se ho davvero il potere di renderti migliore, devo dire che ci sai proprio fare. Tu vedi senza dubbio in me una bellezza fuori del comune e ben differente dalla tua. Se l'aver visto questo ti spinge a legarti a me e a scambiare bellezza con bellezza, il guadagno che tu pensi di fare alle mie spalle non è affatto piccolo».[13]

Socrate inizia riconoscendo il punto di vista di Alcibiade. Se davvero il giovane vede in lui una bellezza straordinaria e cerca di migliorarsi attraverso questo legame, ciò denota una certa consapevolezza e ammirazione da parte del ragazzo verso le sue doti intellettuali e morali.

Ma successivamente afferma: «Tu non vuoi più possedere l'apparenza della bellezza, ma la bellezza reale, e quindi sogni di scambiare – non c'è dubbio – il bronzo con l'oro».[14]

Il filosofo fa notare al giovane soldato che la bellezza è meno preziosa della saggezza e della virtù.

Fin qui i rapporti sono chiari: da un lato il bello e valoroso eromenos (Alcibiade) che sente una forte attrazione nei confronti dell'erastes (Socrate) saggio e virtuoso.

Vi è parità tra oro e bronzo? Alcibiade e Socrate possono dialogare sullo stesso piano?

A vederla così vi è un chiaro gioco di potere e contropotere che si muove nel cuore e nella testa dei due amanti.

Cosa diremmo oggi, ai tempi del #MeToo, a Socrate e Alcibiade? Ci scaglieremmo contro il filosofo che alla luce della sua posizione potente e illuminata soggioga il povero Alcibiade?

Socrate è troppo abile per cascare nella trappola della cancel culture, e nel cuor della tenzone con Alcibiade tira fuori dal cilindro il grande segreto dell'amore e dell'eros.

Infatti afferma: «Eh no, mio bell'amico, guarda meglio! T'illudi sul mio conto: io non sono niente. Lo sguardo della mente comincia davvero a esser penetrante quando gli occhi cominciano a veder meno: e tu sei ancora molto lontano da quel momento».[15]

Socrate spiazza quindi il giovane facendogli intendere che quel potere a lui attribuito che li rende im-pari in realtà non esiste: «Io non so niente. Io non ho quella virtù che tu mi attribuisci».

Che magistrale insegnamento: si supera la dis-parità della coppia, attraverso l'attraversamento del potere stesso che uno dei due membri della coppia avrebbe e che gli viene attribuito.

Socrate è l'emblema dell'amore vero: occulta la sua virtù, la sua saggezza, il suo potere, mette Alcibiade non in una posizione di subalternità ma di libertà e di emancipazione.

Nell'amore inevitabilmente si presume che qualcuno abbia sempre qualcosa in più da dare all'altro, altrimenti non vi sarebbe il gioco dell'attrazione, come ci insegna Alcibiade, ma questo vantaggio non diventa potere che rende schiavi, bensì attraverso la saggezza e la virtù di una relazione che si trasforma diventa libertà, evoluzione ed emancipazione, anche perché come ci insegna Socrate quel «di più» in realtà è un «niente».

Potremmo dire che la risposta alla dinamica del potere che è inevitabile in ogni storia d'amore non è l'esercizio di un contropotere, bensì l'astensione dal potere stesso. È il «niente» con cui si definisce Socrate, è l'atto contemplativo che si contrappone al caos di azioni messe in atto da Alcibiade per irretire il filosofo.

Un noto psicoanalista allievo diretto di Lacan, Jacques-Alain Miller, afferma: «In amore, niente e più salubre del niente».

Da un lato c'è la società e la cultura che inneggiano all'egualitarismo, alla parità etica e non solo giuridica, discorsi che omologano e conformano, dall'altro lato resiste una filosofia dell'amore che vede nell'im-pari non una minaccia bensì un'occasione di legame. Un amore che non si fondi sull'immagine come nel narcisismo o sul potere come nei fantasmi della società attuale, bensì sul mistero del «niente».

L'amore necessita di un doppio sacrificio: il primo è quello di accettare che la spinta al legame con qualcuno è sempre legata al bisogno di qualcosa che si scorge nell'altro, per cui è necessario accettare di non essere completi nella propria singolarità; il secondo aspetto sacrificale è legato alla rinuncia dell'esercizio di potere da parte di un membro della coppia. Una scelta di emancipazione, di generosità: atto e gesto d'amore dal significato enorme.

Le più alte forme di amore che l'essere umano ha incontrato nel corso della storia ci raccontano proprio questo: il Cristo sul Golgota, Socrate con la sua cicuta, George Washington con la rinuncia al terzo mandato. Sono tre esempi di persone con un potere enorme che avrebbe potuto salvare loro la vita o renderli gli uomini più importanti del mondo, ma che per amore del prossimo hanno scelto di non usare; esempi di amore elevato che ci insegnano che nelle relazioni vince chi sceglie e chi sa rinunciare al proprio potere.

6
Sesso, genere e desiderio: il corpo fra trasgressione e omologazione

L'essere umano ha due possibilità per stare al mondo: in modo alienato, passivo e assoggettato alle volontà estranee, oppure vivendo un'esistenza autentica. La seconda richiede impegno, assoluta responsabilità, è piena di tensioni e angosce, ma è l'unica strada per chiunque voglia vivere in modo davvero libero.

La tendenza a rifiutare l'impegno personale nel conoscere, far crescere e difendere la propria specificità e individualità è molto visibile nel meccanismo di omologazione che tante volte si è manifestato nella storia dell'umanità: ci basti pensare allo snodo, tra XX e XXI secolo, in cui l'economia di massa aveva intuito che governare un mercato fatto da popolazioni omologate sarebbe stato molto più conveniente e meno faticoso.

Parafrasando Freud, esiste oggi una psicopatologia della vita quotidiana indotta dalla società, in cui vi è una desoggettivazione dell'essere umano, spinto a omologarsi sempre più in un conformismo che, condito da apparenti libertà, lo assoggetta più di quanto si possa intuire.

Facciamo degli esempi: le catene di fast fashion come Zara, H&M e Primark, che continuano a dominare la moda giovanile, offrono rapidamente le ultime tendenze a prezzi accessibili, ma ciò comporta una crescente omologazione nell'abbigliamento. Molti giovani, in ogni parte del mondo, finiscono per indossare abiti simili, riducendo così la diversità nello stile e nell'espressione di sé.

Le sneakers di brand come Nike, Adidas e Converse sono diventate quasi un'uniforme per i ragazzi: modelli specifici come le Nike Air Force 1 o le Adidas Yeezy sono ampiamente popolari e diffondono uno stile omogeneo nelle grandi città, a qualunque latitudine.

Per non parlare dell'omologazione nel tech: gli smartphone iPhone di Apple, i laptop MacBook e smartwatch come l'Apple Watch sono visti come status symbol. E non solo dai più giovani.

Se Simone de Beauvoir sottolinea che gli esseri umani potrebbero preferire l'alienazione alla libertà soggettiva, Pier Paolo Pasolini ci introduce a una riflessione che servirà a comprendere come oggi spesso il conflitto tra individuale e sociale – inteso come sistema di omologazione e conformismo – si giochi sul campo dell'amore e della sessualità.

E citare Pasolini qui è d'obbligo: lui che, prima di ogni altro, già negli anni Sessanta aveva previsto la presenza e l'evoluzione dei meccanismi di omologazione e conformismo come nuovi segnali di malessere contemporaneo.

Il suo pensiero a tal proposito, così come espresso nei suoi *Scritti corsari* e in particolare nella sua critica ai «capelloni», risulta straordinariamente attuale.

Nonostante siano passati diversi decenni dalle sue riflessioni, continua infatti a risuonare in un contesto sociale che ha visto una profonda evoluzione tecnologica e culturale, ma che mantiene le medesime dinamiche di conformismo e omologazione.

Un aspetto chiave dell'attualità del pensiero pasoliniano emerge nella nostra società digitalizzata e dominata dai social media. Questi nuovi strumenti, sebbene offrano piattaforme inedite per esprimere individualità e diversità, spesso finiscono per creare nuove forme di omologazione. Influencer, tendenze virali e algoritmi agiscono come nuovi meccanismi di conformismo, spingendo gli individui consumatori verso comportamenti e gusti standardizzati.

Proprio come accadeva ai capelloni di Pasolini, l'aspirazione all'unicità e alla ribellione si trasforma in una moda prontamente commercializzabile.

Il consumismo che Pasolini criticava non ha fatto altro che espandersi e rafforzarsi. Oggi, la società è ancora più immersa in una logica di mercato dove tutto diventa merce: dalle esperienze personali ai sentimenti, dai corpi agli stili di vita. Si parla non a caso di personal branding: rendere se stessi un brand da «vendere» ai propri follower.

Questa mercificazione trasforma anche il dissenso e la protesta sociale in spettacolo, in contenuto da consumare. La ribellione, rappresentata da movimenti alternativi e da giovani che cercano di rompere gli schemi, continua a essere assorbita e neutralizzata dal sistema, diventando essa stessa un prodotto da vendere. Dovremmo domandarci con coraggio e attenzione se il rischio di assoggettamento al conformismo e al mercato dell'omologazione riguardi anche le battaglie sociali sulla tutela del genere e delle sue diversità.

L'analisi di Pasolini evidenzia infatti come il mercato e l'industria culturale abbiano la capacità di assorbire e standardizzare perfino i movimenti alternativi. Ciò che inizia come un atto di ribellione viene rapidamente trasformato in moda, svuotato del suo significato rivoluzionario e integrato nel sistema consumistico come un prodotto. I capelloni, inizialmente figure marginali e controcorrente, diventano così un elemento omologato, venduto e distribuito in massa.

Purtroppo, in questo meccanismo rientrano a mio avviso anche le battaglie sulla tutela dei diritti della parità di genere e sulla difesa della pluralizzazione delle identità sessuali. Mi domando sempre più spesso, infatti, se la sovraesposizione delle questioni LGBTQ+, ormai presente dai talk televisivi ai social alle aule del Parlamento, sia il segno del passaggio da una rivendicazione politica di legittimi diritti, all'individuazione di nuove, appetibili nicchie di mercato. E, a questo punto, che fine fanno i diritti delle diversità (che spero non si chiamino più «minoranze»)? Che deriva prende oggi la sessualità nell'economia della nostra esistenza?

Da psicoanalista ho potuto innanzitutto provare, sulla mia pelle e nella mia vita, il valore e il senso di comprendere e preservare la mia unicità. Vissuta questa esperienza attraverso la mia analisi personale è stato gioco facile indurre, sostenere e supportare questo processo anche per gli altri, persone con le proprie sofferenze che, ascoltate ogni santo giorno, mi ricordano della fatica di cui parla Simone de Beauvoir, ovvero di quanto costi essere se stessi e di quanto sia importante vivere secondo i propri desideri.

Se volessimo contrapporre qualcosa all'egemonia del discorso sociale che ci spinge al conformismo e all'omologazione, non mi verrebbe in mente nulla di più sovversivo ed efficace della psicoanalisi.

«L'altra scena», l'inconscio come oggetto di indagine è l'emblema di come in ognuno di noi vi sia qualcosa di unico e irripetibile nel rapporto tra ciò che è cosciente e ciò che non lo è, tra ciò che è logico e ciò che illogico, tra ciò che è prevedibile e ciò che non lo è.

Vi faccio un esempio che possa spiegarvi cosa significhi essere autentici e singolari in relazione a quella parte di noi più profonda e incontrollabile che Freud chiamava inconscio.

George W. Bush durante un discorso tenuto a Dallas il 18 maggio 2022 ha commesso un clamoroso errore mentre parlava dell'invasione dell'Ucraina da parte della Russia. Durante il suo intervento, ha affermato: «Il risultato è un'assenza di equilibri e contrappesi in Russia, e la decisione di un solo uomo di lanciare un'invasione totalmente ingiustificata e brutale dell'Iraq... voglio dire, dell'Ucraina» si è poi corretto rapidamente, commentando ironicamente: «Anche dell'Iraq, comunque».[16]

Tecnicamente parlando, l'ex presidente degli Stati Uniti è incorso in un lapsus.

Un lapsus è un errore involontario nel parlare, scrivere o digitare che riflette pensieri o desideri inconsci. Può rivelare informazioni nascoste sull'individuo, dando un'idea di ciò che potrebbe essere presente nell'inconscio. Si tratta di errori di produzione linguistica, come la sostituzione di parole, omissioni o inserzioni di suoni. I lapsus posso accadere per vari motivi, inclusi stanchezza, stress o distrazioni. Vengono studiati per capire meglio i processi cognitivi e linguistici coinvolti nella produzione del linguaggio.

Sigmund Freud è stato uno dei primi a interessarsi ai lapsus dal punto di vista psicoanalitico. Riteneva che queste «sviste» non fossero semplici errori casuali, ma rivelazioni di desideri, ansie e conflitti inconsci. Secondo Freud spesso i lapsus si verificano quando i nostri pensieri o sentimenti repressi trovano un modo di emergere attraverso errori nel linguaggio quotidiano.

Il lapsus di George W. Bush ha suscitato un notevole clamore, dato che faceva riferimento all'invasione dell'Iraq del 2003, che fu decisa durante la sua presidenza e ancora oggi è largamente criticata e considerata controversa sia a livello nazionale che internazionale. Bush ha cercato di alleggerire la situazione ridendo e facendo una battuta sulla sua età: «Ho settantacinque anni».

È evidente che l'ex presidente americano nel pensare alle gesta di Putin in Ucraina ha inesorabilmente riflettuto sulle proprie in Iraq nel 2003. Solo Bush può sapere cosa pensa davvero di quella sua decisione, anche se esternamente la ragion di Stato lo obbliga a dire certe verità.

Essere in contatto diretto con il proprio inconscio significa avere la possibilità di comprendere le proprie verità e di parlarne, come accade durante un percorso psicoanalitico; questo processo permette a ognuno di noi di conoscere il proprio ritaglio più nascosto, che ne determina anche la parte più autentica. L'opposto dell'omologazione e del conformismo.

Lacan definiva «atti mancati» le formazioni dell'inconscio, ovvero quegli aspetti umani che si mostrano con parole, lapsus, sogni e che esprimono la nostra parte più vera, che necessita di essere conosciuta proprio per non restare vittima di vite eterodirette e per non alienarsi.

«L'*inconscio* funziona ovunque, ora senza sosta, ora discontinuo. Respira, scalda, mangia. Caca, fotte»[17] direbbe Deleuze: sta a noi impegnarci a riconoscerlo. Questo significa vivere liberi.

Ma cosa vuol dire «vivere liberi» quando parliamo di sesso? Che rapporto c'è tra me, uomo, il mio inconscio, la mia soggettività e la mia sessualità?

La sessualità umana, quando osservata attraverso la lente della psicoanalisi, rivela un tessuto complesso e profondo che va ben oltre l'atto biologico della riproduzione. Freud fece emergere il collegamento fondamentale tra sessualità e inconscio, sostenendo che le pulsioni sessuali influenzino una vasta gamma di comportamenti e pensieri umani che spesso sfuggono alla consapevolezza.

Perché siete così attratti dai piedi delle donne? Perché vi risulta così eccitante immaginare di incontrare più uomini sconosciuti nella cantina di casa vostra? Perché sentite così tanto la differenza tra sentimenti e desiderio sessuale?

Solo il vostro inconscio può saperlo.

Nella struttura della mente, secondo Freud, l'inconscio è depositario di desideri, impulsi e ricordi repressi. La sessualità è frequentemente relegata a questo livello della psiche, specialmente quando i desideri sessuali si scontrano con le norme morali e sociali. Questi desideri repressi non scompaiono ma trovano espressione indiretta attraverso sogni, lapsus, sintomi nevrotici e comportamenti sublimati.

La sessualità, secondo la psicoanalisi, è intrisa di ambivalenza e conflittualità e non avrà mai una totale pacificazione. Gli individui sono spesso divisi tra il desiderio di appagamento sessuale e le inibizioni derivanti da diversi aspetti esistenziali. Tale ambivalenza può generare comportamenti contraddittori e complessi meccanismi di difesa nell'inconscio. Pertanto, un comportamento sessuale apparentemente inspiegabile può essere comprensibile alla luce dei meccanismi profondi e delle dinamiche represse.

Se l'inconscio si esprime con le parole, allora non possiamo non dire che esso si esprime a simboli che lasciano intendere i contenuti nascosti solo metaforicamente.

Il simbolismo, infatti, è un altro aspetto chiave del rapporto tra sessualità e inconscio. Diversi psicoanalisti evidenziavano come molti oggetti e comportamenti quotidiani avessero connotazioni sessuali simboliche, radicate nel substrato dell'inconscio. Per esempio, i sogni spesso utilizzano simboli che rappresentano desideri sessuali in una forma mascherata, permettendo all'individuo di confrontarsi con pulsioni altrimenti troppo disturbanti per essere accettate dal sistema cosciente.

Se è vero che la sessualità è materia inconscia, è altrettanto vero che tale materia non può che essere un irriducibile aspetto soggettivo e unico per ognuno di noi. Sì, ci sono le norme sessuali, le mode sessuali, i costumi sessuali, ma è indubbiamente vero che nella parte più nascosta di noi ognuno vive il sesso in una dimensione unica.

Esiste il piano del diritto alla sessualità che può produrre un dibattito infinito e ridondante, ma questa narrazione, per quanto lecita e necessaria, non dovrà mai saturare il bisogno di ognuno di noi di preservare uno spazio individuale e nascosto. Per tale motivo sarebbe giusto ogni tanto fermarsi anche al di qua della porta delle camere da letto degli italiani.

È questo che racconta la storia di Marco, un uomo di trentacinque anni, sposato da dieci con Francesca. Si presenta in terapia lamentando problemi di disturbo erettile che sono iniziati un anno prima del nostro incontro. Marco tiene gli occhi bassi, si morde le labbra, si tormenta le dita delle mani: è visibilmente a disagio mentre mi parla del problema e riferisce che questa difficoltà lo sta facendo sentire distante da sua moglie, aumentando di conseguenza il suo stato di ansia e stress.

Durante le prime sedute, Marco racconta di avere avuto un'infanzia complessa. È cresciuto in una famiglia con un padre autoritario e una madre emotivamente assente. Dall'adolescenza, ha sempre sentito la pressione di soddisfare le aspettative del padre, il quale sottolineava frequentemente l'importanza della performance e del successo. Marco si è reso conto ben presto che nei momenti in cui non riusciva a soddisfare le aspettative paterne veniva criticato aspramente, il che lo ha portato a sviluppare un costante timore di fallire.

Nel corso della terapia, vengono esplorati diversi aspetti della vita di Marco e uno dei temi che emerge riguarda la sua sessualità. Marco rivela di provare un profondo senso di inadeguatezza non solo per la disfunzione erettile, ma anche rispetto alle capacità di soddisfare la moglie sessualmente: modelli di perfezionismo e paura del giudizio derivanti dal rapporto con il padre sembrano essersi traslati nella sua vita sessuale.

Un giorno, Marco mi racconta un sogno particolarmente vivido in cui è in gita con degli amici, si addentra in una foresta e si perde. Cerca di utilizzare tutte le strategie per orientarsi: il muschio, le ombre, ma niente, si sente impotente nel tentativo di trovare una direzione. A un certo punto compare una fiera che lo minaccia, tentando di sbranarlo. Discutendo il sogno di Marco, ci soffermiamo molto sul termine «fiera», che nella sua ambiguità mostra sia l'aspetto del felino pericoloso, sia quello del luogo caotico dove mercanti e persone si incontrano tra merci e gesta di compravendita. Marco rivede così il suo fantasma: sentirsi impotente sessualmente equivale a sentirsi persi in una vita che contempla sia il felino rabbioso (il padre) che tutte le comparse (mogli, colleghi, conoscenti) della propria esistenza.

Qual è la vera paura di Marco? Essere aggredito dalla fiera o perdersi in una fiera?

Ci stiamo ancora lavorando.

Il sesso, proprio come l'amore, risponde ai cambiamenti sociali di cui ancora non siamo del tutto consapevoli. E i dati lo confermano. La National Survey of Sexual Attitudes and Lifestyles (Natsal)[18] è una delle indagini più complete e rispettate a livello internazionale riguardo le abitudini sessuali, le attitudini e i comportamenti della popolazione britannica.

È interessante perché mette a confronto le abitudini sessuali di tre generazioni: Gen X, Millennials e Gen Z. Condotta a intervalli, fin dalla sua prima edizione del 1990-1991 ha prodotto risultati preziosi che permettono di analizzare i cambiamenti nel tempo.

L'età media del primo rapporto sessuale si è oggi stabilizzata intorno ai sedici-diciassette anni e, complessivamente, si nota che la frequenza dei rapporti sessuali è diminuita rispetto al passato, sia per gli uomini che per le donne, mentre aumenta la segnalazione delle problematiche, come la mancanza di desiderio e la difficoltà a eccitarsi.

Molto esplicativo il dato Natsal-4 (l'indagine in corso nell'ultima decade), che dimostra un'attività sessuale che rimane inferiore rispetto agli anni Novanta e Duemila, con giovani che riferiscono meno rapporti sessuali delle generazioni precedenti e con un aumento nell'utilizzo di servizi di salute sessuale e psicologica: un dato che suggerisce una maggiore attenzione alla qualità delle esperienze sessuali piuttosto che alla quantità.

Questo nel vecchio continente. E Oltreoceano come siamo messi?

La General Social Survey (GSS)[19] è un importante strumento di ricerca che offre un panorama dettagliato di attitudini, comportamenti e opinioni degli americani su varie tematiche, inclusa la sessualità. Lanciata nel 1972 e condotta quasi annualmente, la GSS ha prodotto dati ricchi e preziosi che permettono di osservare i cambiamenti nel tempo.

Nel corso degli anni, la GSS ha evidenziato che l'età media del primo rapporto sessuale è rimasta relativamente stabile, con leggeri aumenti o diminuzioni a seconda delle coorti di età. Nuovi studi indicano che il numero medio di partner sessuali dichiarati dai giovani ha mostrato fluttuazioni. Negli anni Ottanta e Novanta si osservava un aumento, mentre negli ultimi decenni c'è stata una leggera diminuzione.

Diversi dati della GSS indicano che anche la frequenza complessiva dei rapporti sessuali tra i giovani ha mostrato oscillazioni, ma con una tendenza recente verso la diminuzione rispetto ai decenni precedenti. Fattori come stress, tecnologia e cambiamenti nei valori sociali potrebbero giocare un ruolo.

In questi dati vi trovo un aspetto paradossale, ovvero che negli anni in cui vi erano aspre tensioni socioculturali e la sessualità era terreno di forte scontro, vi era una propensione alla sessualità molto più diretta e immediata. Oggi una società apparentemente pacificata sugli aspetti morali e di costume mostra una sessualità con diversi angoli problematici. L'avreste mai detto?

Vi è un altro dato molto interessante, ovvero quello relativo al tempo speso dalla nostra società nell'affrontare tematiche di natura sessuale.

A parte l'ovvia questione della pornografia digitale che mette ogni essere umano costantemente alla mercé di immagini e contenuti sessuali, credo sia necessario parlare dei contenuti erotici presenti sui social; rappresentano infatti un indubbio surplus di parole, informazioni e immagini sul sesso che appaiono con una rapidità e quantità inusitata rispetto al passato.

Gira molto più sesso di quanto si possa immaginare, se ne parla anche tantissimo ma tutto questo ne riduce l'impatto, la portata e probabilmente l'importanza nella vita di ognuno di noi.

Il vero paradosso della nostra società su questo tema sta proprio nella de-erotizzazione dell'eros. Una sessualità che giace sulle bocche e negli occhi di tutti e che perde pathos, libido, carica erotica.

Ha proprio ragione Slavoj Žižek, filosofo sloveno che ha spesso parlato di come la società capitalista contemporanea conduca a una sorta di «desublimazione repressiva», dove l'eccesso di esposizione e visibilità del sesso nei media mainstream tende a ridurlo di significato e a spogliarlo della sua carica erotica e trasgressiva.

Žižek utilizza questo concetto per discutere di come il capitalismo sfrutti la permissività sessuale per favorire il proprio interesse. A suo avviso, mentre la società sembra diventare più sessualmente libera e aperta, questa libertà è in realtà una forma di controllo che neutralizza la potenziale ribellione del desiderio erotico.

Il sesso, insomma, sarebbe diventato un'altra merce del consumismo, con l'eccessiva disponibilità ed esplicitazione del contenuto erotico che ne diminuiscono il potenziale di creare un senso mistico o trasgressivo.

Anche il filosofo e sociologo francese Gilles Lipovetsky nel suo lavoro *L'era del vuoto* (1983) dibatte di come la cultura narcisista e il consumismo abbiano influenzato la vita intima e sessuale, conducendo a una forma di banalizzazione della sessualità.

Non essendo a livello delle analisi di Žižek e Lipovetsky, ora mi divertirò portando un esempio «pop» di de-erotizzazione dell'eros. Scomoderò la musica facendo un'analisi del testo di due canzoni scritte in tempi molto diversi ma dal contenuto simile: *Pedro* di Raffaella Carrà e *Dopo le 4*, un featuring tra Tony Effe, Bresh e Tedua.

Da un lato, il 1980 con la bionda Raffa nazionale, che è stata la portabandiera del sovvertimento dei costumi erotici italiani, dall'altro lato un virgulto e talentuoso musicista trap che si fa portavoce di una visione attuale del sesso.

La canzone di Raffaella Carrà parla di una «classica straniera con un'aria strana che gira stanca tutta la città» e che viene chiamata «da una parte da un ragazzino, sembrava a prima vista tanto per benino, e si offre a far da guida per la città». Tra un ritmo divertente e ballerino la Carrà lancia la bomba: «Altro che ragazzino, che per benino, sapeva molte cose più di me. Mi ha portato tante volte a veder le stelle, ma non ho visto niente di Santa Fe».

La canzone prosegue con la classica nota romantica che addolcisce la carica erotica, con il buon e audace Pedro che ha saputo far innamorare la turista e che non aveva occhi che per lei.

Altrettanto scandalosa è la chiusa del testo: un esempio di turismo sessuale femminile con l'affermazione «Pedro tornerò da te».

Nella canzone *Dopo le 4*, Tony Effe racconta della sua passione per le donne e di come vive il sesso con una complicità spesso condita da volgarità e brutalità. «Ti sputo in faccia solo per condire il sesso / Ti chiamo "puttana" solo perché me l'hai chiesto / Ti sbavo il trucco, che senza stai pure meglio / Ti piace solamente quando divento violento.» O ancora: «Solo di notte ci capiamo / Non gridare sennò mi arrestano / Dopo le quattro, ti amo / Dopo le dieci, mi dimentico».

Interessante anche l'elenco delle donne che attirano l'attenzione del cantante: «La voglio mora, bionda, rossa, che sia buona o porca e colta / Però ci vado scemo quando è stronza / Giro in centro, becco fighe all'Est d'Europa / Modelle così alte, per scoparle prendo quota / Vado fuori per gli occhi libanesi / Le mulatte, bianco latte, cioccolate, le cinesi / Quelle matte, un po' strafatte con il padre che non chiama».

Per quanto mi riguarda mi soffermerò su alcune differenze stilistiche e semantiche che a mio modesto avviso sono metafora di come è cambiata la concezione della sessualità.

Pedro è l'apoteosi della sessualità per allusione, fa intendere gli avvenimenti senza esplicitarli, parla di sesso per allegorie, con ironia e alleggerendo la dinamica. Seppur la storia avviene tra una donna e un ragazzino, lo scandalo antiperbenista si lascia intravedere senza alcuna morale censoria.

Dopo le 4 è invece un testo diretto, mira a condividere una visione del sesso che dovrebbe essere riconoscibile tra i ragazzi, un sesso esplicito che diventa violento e che piace proprio perché è diretto e aggressivo. Anche qui nessuna morale sugli sputi, sulle puttane o sui riferimenti etnici delle ragazze, bensì un accesso diretto a ciò che ci fa godere senza null'altro a pretendere.

La de-erotizzazione del sesso passa proprio attraverso una narrazione sociale che elimina l'allegoria, la metafora: la trasgressione intuibile, infatti, viene sostituta con un linguaggio forte, senza metafore e senza giri di parole. Quando tutto è chiaro, diretto, spiegato, urlato, l'eccitazione muore e la sessualità si condisce di sputi e violenza che sono un modo «forte» per scuotere corpi ed emozioni durante l'atto sessuale.

La de-erotizzazione si produce quando il sesso viene raccontato e vissuto in modo troppo diretto, senza allusioni, e quando la trasgressione non rappresenta un gioco tra le parti come nel caso di Pedro e la turista, bensì una serie di atti di godimento.

Quando vedete un video porno non è l'atto sessuale a eccitarvi, ma il contesto, la storia, gli abiti, gli indumenti degli attori, le situazioni, gli sguardi. Gli attori porno guardano sempre la telecamera durante l'atto sessuale perché sanno bene che ciò che eccita lo spettatore non è la penetrazione in quanto tale ma le fantasie che si scatenano dietro l'incontro con lo sguardo della pornostar o del pornostar.

Se questo è il nostro contesto, come far coesistere l'allegoria della sessualità, le sue trasgressioni misteriose, i suoi veli da far cadere, in un tempo dove il sesso diventa anche terreno di scontro politico e ideologico, oltre che oggetto di linguaggio trap e trash?

La questione gender, terreno altrettanto scivoloso rispetto a quello del femminismo e del maschilismo, non può non essere oggetto di analisi rispetto al suo impatto sulla visione della sessualità contemporanea.

Di sicuro l'importante mole di dibattito sul tema e l'incessante discussione mediatica – spesso suddivisa in fazioni contrapposte – ha un effetto sul fatto che eleggere un tema così intimo come centrale sulla scena pubblica potrebbe contribuire a rendere la sessualità impersonale.

Da dove nasce questo interesse per il gender? Prima degli anni Settanta, il termine «genere» non era usato nel contesto sociologico. Si parlava solo di sesso, inteso biologicamente. Alcune femministe, come Kate Millett, hanno usato la parola «genere» per distinguere le aspettative sociali (il genere, appunto) dagli aspetti biologici (sesso).

Ancor più interessante è stato il contributo di Judith Butler, autrice di *Questione di genere* (1990); a suo avviso il genere non è qualcosa di naturale o biologico, ma piuttosto una performance, un insieme di atti e comportamenti ripetuti che creano l'illusione di un'identità di genere stabile.

Negli anni Novanta e Duemila, mentre il mondo queer interrogava e decostruiva sempre più le nozioni di identità sessuale e di genere, Butler e altri teorici queer, come Eve Kosofsky Sedgwick e José Esteban Muñoz, si sono soffermati su come le norme di genere e sessuali siano imposte e perpetuate.

Accanto al tema del genere come risvolto sociale del sesso si è successivamente sviluppata la tematica dell'intersezionalità, soprattutto grazie all'attivista e studiosa Kimberlé Crenshaw. Tale concezione riconosce che l'esperienza delle persone è influenzata da molteplici sistemi di oppressione (come razzismo, sessismo, omofobia) che si intersecano. Questo concetto è stato adottato dagli studiosi del genere per esaminare come vari fattori, inclusi razza, classe e sessualità, influenzano le esperienze di genere.

La storia di questa filosofia è caratterizzata dal bisogno di separare il sesso, a cui viene attribuito un attributo meramente biologico, dal genere, che invece rappresenta il valore sociale, culturale, politico e individuale della sessualità.

Dal punto di vista della psicoanalisi, questa suddivisione è palesemente sbagliata, perché di fatto, pur di supportare la divisione netta tra sesso e genere, esaspera l'impatto degli aspetti sociali e culturali sulla sessualità e disincarna il sesso, rendendolo passibile di infinite combinazioni identitarie che bypassano il tema del rapporto tra aspetti biologici e sociali ed esclude totalmente dalle riflessioni la dimensione psicologica e soggettiva della sessualità.

Immaginare che ci sia una sessualità solo legata all'identità sociale è un errore logico molto serio dal punto di vista della psicoanalisi. Il sesso è sempre una risultante molto particolare e complessa degli aspetti biologici con quelli psicologici e infine con quelli sociali, che però non determinano in modo lineare il tema dell'identità.

Secondo questa visione, il sesso si spoglierebbe del biologico e dell'articolazione psicologica e personale con la storia, il linguaggio, i costumi, le esperienze, le singolarità di ogni persona, diventando solo una questione identitaria: la dimensione biologica sarebbe così sminuita da alcuni retaggi culturali, un'idea per cui pensatori come Ludwig Feuerbach si rivolterebbero nella tomba. E vi è di più, come direbbe il sociologo Giuliano Piazzi: «Ciascuno di noi in quanto persona ha il diritto e il dovere di essere se stesso a patto di non essere nocivo agli altri ma fra questi altri non c'è mai il sé biologico, non c'è mai l'altro della vita biologica, che pure c'è in ciascuno di noi e che pure ha una sua autonoma validità di esistenza ineludibile. Nessuno dovrebbe avere il diritto di imporre alla vita delle regole che non sono della vita».[20]

Che ci piaccia o no, la vita come tale, il *bios*, la pura sostanza della nostra esistenza non è eludibile. Può rappresentare un limite? Certo, come lo è ogni nostro aspetto biologico: la vecchiaia, i difetti estetici, le malattie, la morte. Non a caso il nostro tempo è segnato da una sfida costante con questo limite, che spesso viene combattuto con bisturi, elisir o diete di lunga vita nell'illusione dell'immortalità. Tutti falsi bisogni, come direbbe Marcuse, che «vengono sovrimposti all'individuo da parte di interessi sociali particolari cui preme la sua repressione: sono i bisogni che perpetuano la fatica, l'aggressività, la miseria e l'ingustizia».[21]

Applicando questo concetto alla sfera dell'amore e della sessualità, possiamo interpretare come la società moderna potrebbe imporre determinati modelli o regole su cosa debba significare amare o sulla sessualità anche quando la società si traveste da generoso sistema che diversifica le esperienze e i bisogni. Questi modelli di solito servono a mantenere le dinamiche di potere esistenti, normativizzando comportamenti o desideri che si allineano a fini commerciali o di controllo sociale. L'amore viene spesso ridotto a una questione di consumismo, propagandato attraverso immagini di relazioni sempre possibili partendo dalla moltiplicazione dei desideri sessuali, che riecheggiano ideali commerciali piuttosto che esperienze profondamente vissute.

In relazione alle identità di genere, i falsi bisogni possono manifestarsi attraverso la pressione a conformarsi a ruoli di genere tradizionali in opposizione a quelli inediti, che sminuiscono le complessità delle esperienze individuali. La spinta verso una visione binaria rigida o multidiversificata del genere, così come l'incentivazione dell'attaccamento a relazioni eteronormative, servono a mantenere una rete di controllo e conformismo che impedisce la piena espressione dell'identità e della sessualità.

Da una prospettiva psicoanalitica, questi falsi bisogni imposti contribuiscono a costruzioni identitarie che spesso sono alienate dai veri desideri e dalle aspirazioni interiori. L'inconscio diventa un campo di battaglia tra il desiderio autentico e le imposizioni esterne, portando a nevrosi, ansie e spaccature in ciò che potrebbe essere un'espressione genuina e libera dell'amore e della sessualità.

La riflessione di Marcuse invita quindi a una critica profonda delle strutture sociali che definiscono e controllano l'amore e la sessualità, sollecitando una liberazione da queste imposizioni. Un processo di reindividuazione e di riscoperta autentica presuppone un lavoro di esplorazione interiore ma anche di trasformazione sociale, in cui la diversità e l'autenticità sono non solo accettate, ma celebrate. In questo senso, l'amore e la sessualità possono diventare atti rivoluzionari, strumenti di liberazione e autorealizzazione al di fuori dei falsi bisogni e delle catene sociali imposte. Il risultato di tutto questo è, come afferma Marcuse, «un'euforia nel mezzo dell'infelicità. La maggior parte dei bisogni che oggi prevalgono, il bisogno di rilassarsi, di divertirsi, di comportarsi e di consumare in accordo con gli annunci pubblicitari, di amare e odiare ciò che altri amano e odiano, appartengono a questa categoria di falsi bisogni».[22]

La costruzione teorica di un nesso tra genere e identità eterodiretto dalla società ha prodotto una sottocultura in cui ognuno di noi può autodeterminare il proprio genere al di là di ciò che la vita propone. Un drammatico bisogno (falso) di autoaffermazione che tenta di rispondere ad angosce profonde che nascondono sempre il profondo conflitto tra ciò che naturalmente siamo e ciò che idealmente vorremmo essere.

Come nel caso che sto per raccontarvi.

Giovanni è un ragazzo di quattordici anni che si è sempre sentito diverso dagli altri. Fin dalla giovane età, provava una forte attrazione per tutto ciò che era considerato femminile e trovava più conforto nell'interagire con bambole e vestiti da principessa piuttosto che con giochi e abbigliamento maschili.

Verso l'età di dodici anni, Giovanni aveva cominciato a provare un crescente disagio con le caratteristiche maschili del suo corpo. Mi ha riferito di come, durante una vacanza al mare, evitava di togliere la maglietta come facevano gli altri ragazzi perché non si sentiva a suo agio nel mostrare il proprio petto. Questa sensazione di disagio si accentuerà progressivamente con il passare del tempo.

Essendo confuso e senza un termine specifico per quello che stava vivendo, Giovanni tentava di sopprimere quei sentimenti, sperando che sparissero. Tuttavia, il conflitto interiore peggiorava, specialmente durante i confronti con il corpo che cambiava durante la pubertà. Accumulava riviste e articoli segretamente, leggendo storie di persone che erano «diventate» ciò che sentivano di essere veramente.

Una sera, mentre era solo nella sua stanza, Giovanni si era truccato e aveva indossato un vecchio vestito della sorella maggiore. Quando si era visto riflesso nello specchio, aveva sentito una sensazione di pace e di completezza mai provata prima. Era stato in quel momento che aveva cominciato a rendersi conto che il suo malessere era legato alla sua identità di genere: non si sentiva un ragazzo, ma una ragazza.

Giovanni passava ore a leggere informazioni online. Dopo aver trovato forum e video che parlavano di esperienze di persone transgender, per la prima volta non si era sentito solo. Tuttavia, l'incertezza e la paura del giudizio lo trattenevano dal parlarne con qualcuno. Provava vergogna e paura di essere respinto dai suoi genitori e amici, rendendo la sua disforia di genere un peso enorme da portare.

La situazione peggiorava man mano che la pubertà progrediva. Giovanni provava un profondo disgusto per il suo corpo maschile, specialmente con la crescita dei peli facciali e l'abbassamento del tono di voce. Questa crescente disforia lo portava a isolarsi maggiormente, a evitare le situazioni sociali e a cadere in uno stato di depressione.

Il culmine del conflitto interno è stato raggiunto una sera dopo un attacco di panico. Sentendo di non poter più reggere il peso da solo, Giovanni si è confidato con sua madre: tra lacrime e ansia, è riuscito a spiegare che non si sentiva a suo agio nel corpo maschile e che voleva essere una ragazza. E, con l'aiuto della psicoterapia, Giovanni ha iniziato a parlare delle sue fantasie e del bisogno di sentirsi donna. Ha scelto il nome Sara perché sentiva che meglio rispecchiava chi era veramente.

Ci sono tre passaggi di questa storia che meritano una riflessione con relative domande. Il primo è quello della scomparsa dell'angoscia rispetto a un'immagine riflessa che mostra una donna. È davvero il cambio dell'immagine corporea la soluzione dell'angoscia di Giovanni, che non a caso scompare magicamente vestendo abiti diversi?

Il secondo punto è relativo alla raccolta di informazioni avviata dal ragazzo per cercare di capire la radice del suo malessere. Essere soli in questa fase è la cosa davvero giusta? Non vi è un rischio di creare in lui/lei un cortocircuito tra identità, orientamento sessuale e genere?

Ultima questione: il nuovo nome. È interessante notare che nessuno di noi viene al mondo con la possibilità di scegliersi un nome, tutti siamo costretti a presentarci alla vita con un atto che ci è imposto dagli altri: darsi un nome potrebbe significare qualcosa di più profondo rispetto alla questione di genere, proprio in relazione al rifiuto di essere assoggettati a questo potere dell'Altro?

Con Giovanni e questi quesiti in testa, torniamo al tema della sessualità.

Separare la componente biologica da quella psichica e da quella socioculturale non è mai un'operazione corretta. Dirò di più: la cosa che de-erotizza maggiormente la vita delle persone, immersa in un contesto sociale come il nostro, è proprio la mistificazione della componente biologica che, fondata da pensieri di ispirazione woke, ha la tendenza a vedere nel biologico individuale un limite che debba a tutti costi essere superato. Il *bios*, la corporeità, gli organi genitali con i quali si nasce, da sempre rappresentano un aspetto di inquietudine per ognuno di noi: eliminare tale aspetto non risolve il problema del «limite biologico» dell'essere umano, che deve fare i conti con questa realtà. Il corpo è sempre un limite per ognuno di noi, non solo per coloro che vivono il limite dell'identità di genere, che si identifica con un sesso che non sentono appartenente. Spesso abbiamo l'illusione che tale limite si possa superare con un colpo di bisturi o con un cambio di vocale sulla carta di identità. Ognuno ha il diritto di costruire una sua identità sessuale il più possibile al netto di angosce e frustrazioni, ma non dobbiamo illudere le persone che le inquietudini legate al nostro corpo e alla nostra sessualità possano pacificarsi per decreto.

L'altro cavallo di battaglia del pensiero gender è quello della fluidità, basato sul superamento radicale del dualismo biologico della sessualità e sull'ipotesi che il genere sia la risultante di un processo di autodeterminazione.

Aspetti questi molto discutibili e che dovrebbero spingerci a porci determinati interrogativi. Il principio di autodeterminazione è esaustivo per definire il proprio genere?

Lacan, così come molti altri pensatori – Hegel, Spinosa, Merleau-Ponty –, sapeva benissimo che una delle questioni umane è legata al rapporto tra corpo, psiche e alterità. Materialisti, fenomenologi, strutturalisti da sempre hanno indagato tale questione, ma soprattutto la psicoanalisi ha esaminato il rapporto tra mente e corpo in dialettica con l'alterità a partire dal sesso.

Per Lacan la trascendenza dal biologico allo psicologico si estrinseca nella formula linguistica che prevede il passaggio dal termine «pene» inteso come organo biologico al concetto di «fallo»: il pene è un organo in possesso solo dei maschi, il fallo invece è un concetto simbolico che può essere assolutamente sia di una donna sia di un uomo.

Ma mentre Freud, non a caso, parla del pene (nella teoria dell'invidia del pene di cui abbiamo già parlato), Lacan segnala che il fallo ha una funzione chiave nello sviluppo libidico degli esseri umani e nell'avvento di ogni desiderio. Per questo egli identifica il fallo come il significante del desiderio (ovvero l'elemento simbolico che rappresenta la nostra capacità di desiderare) per entrambi i sessi; il fallo, quindi, è ciò che permette la trasmissione delle caratteristiche femminili e di quelle maschili, è ciò che permette un legame tra i due sessi. Donne e uomini si intendono sui propri desideri sessuali proprio perché sono influenzati da questo aspetto simbolico della vita che Lacan chiamava appunto «fallo».

Anche se questa teorizzazione potrebbe scandalizzare le femministe, di fatto, la psicoanalisi ha verificato che, a livello inconscio, esiste un solo emblema, il fallo appunto, per il desiderio di uomo e donna, per le due posizioni sessuali. Il fallo rappresenta la mancanza, che vale per entrambi i sessi e che diventa nella testa di ognuno di noi l'emblema della mancanza. Il fallo è quindi il significante del desiderio proprio perché si è «esseri desideranti» nel momento in cui si è manchevoli di qualcosa.

Il fatto che uomini e donne abbiano un rapporto con il proprio desiderio che si strutturi sul concetto di mancanza, rappresentato del termine «fallo», ci permette una traslazione simbolica sulla sessualità che avviene proprio perché noi impariamo che la mamma non ha il pene come il papà, discriminando quindi i sessi dal punto di vista del corpo. Questo non avere non differisce in termini di potere o forza, ma stabilisce in termini ontologici il fatto che i figli – maschi o femmine che siano – saranno figli di una mancanza che li orienterà a una vita da esseri desideranti.

Uomini e donne sono figli del fallo, ma nel loro percorso esistenziale potranno avere diverse modalità di rapporto con tale simbolo.

Lacan, infatti, distingueva l'«avere il fallo», posizione tipicamente maschile, dall'«essere fallo», posizione tipicamente femminile. La parola «posizione» deve subito farci cogliere che si può essere nati maschi ma sviluppare nella vita una posizione femminile rispetto al proprio desiderio, caratterizzata dell'«essere fallo»; così al contrario, si può nascere femmine e «avere il fallo».

Ma cosa significa «avere» o «essere» fallo?

La prima espressione significa essere soggetto del desiderio, la seconda essere oggetto del desiderio.

Essere soggetto del desiderio vuol dire avere una posizione attiva, di forza, di potenza, fondata sull'azione rispetto alla propria traiettoria esistenziale; al contrario essere oggetto del desiderio significa diventare la causa del desiderio di qualcuno, avere quella capacità di brillare attivando i desideri degli altri, diventare causa delle azioni, dei pensieri, dei sospiri, dei sogni e delle utopie altrui.

In poche parole, potreste subito capire perché, a mo' di esempio, la politica delle grandi democrazie è in crisi. Tutti i politici si impegnano a mostrare di «avere il fallo», sino a consumarsi o a essere sostituiti da personaggi che mostrano di «averlo più grosso», senza pensare che il vero movimento delle masse può essere orientato da chi lascia intuire di «essere fallo», di mostrarsi causa di un desiderio. La politica dei Paesi occidentali non dovrebbe solo occuparsi delle quote rosa, ma dovrebbe seriamente femminilizzarsi attivando i desideri e le utopie della gente attraverso politici che rappresentino la causa del desiderio.

Tra «avere» ed «essere» vi sono solo sfumature soggettive che ognuno di noi ha; in questo senso vi è una transessualità intrinseca che non è calata sul genere, bensì su un piano più profondo che è quello del desiderio personale. Il desiderio di certo è transessuale.

Non solo non esistono generi infiniti, ma anche l'autodeterminazione è un'illusione banale che non tiene conto che, se la sessualità trascende il biologico, è sempre in relazione a un sistema simbolico che possiede le sue regole di linguaggio e di senso e che, per tale motivo, risulta irriducibilmente eterodeterminato.

Il bambino che dice di sentirsi femmina non si sta autodeterminando, bensì dà voce in quel momento a una serie di elementi simbolici che ruotano nella sua testa. Tali elementi che lo farebbero sentire donna sono sempre pescati e intercettati in un sistema simbolico che non è autodeterminato ma che appartiene ad esempio al linguaggio in cui è immerso, che è sempre un elemento eteroreferenziale. Essere donna o uomo, sentirsi maschio o femmina è una questione di linguaggio. Certo, c'è la biologia, ma la carne funziona in un mare di parole che ci spiegano chi siamo, come facciamo l'amore, definiscono il modo di vedere i nostri gusti sessuali, i nostri organi sessuali. La lingua che ci permette di parlare di chi siamo è un meccanismo esterno a noi. Non siamo noi a definire il significato dell'essere donna, e anche quando siamo noi in prima persona a costruire un significato individuale sulla nostra identità lo facciamo sempre con il linguaggio che è uno strumento non nostro bensì, come direbbe Lacan, preso nel «campo» dell'Altro. La lingua, infatti, è qualcosa di estraneo a noi che diventa strumento per noi.

Badate bene. Non sto assolutamente sostenendo che questo meccanismo sia suscettibile di cure o terapie, al contrario: per la psicoanalisi ogni essere umano può decidere se cambiare oppure no le regole del gioco con i simboli e il linguaggio con i quali fa i conti in ogni momento della sua vita.

Nella sessualità umana gli aspetti biologici, vitali e simbolici sono annodati in modo chiaro e irrinunciabile e pensare che la dimensione del sesso sia solo sociale, politica o culturale produce effetti di alienazione del sesso come l'eliminazione della possibilità di trasgressione nella sessualità, lo spostamento del piano della sessualità su quello dell'identità, il rischio di escludere l'Altro dal proprio vissuto sessuale.

È evidente che il sesso ha a che fare con la trasgressione, a patto che trasgredire sia possibile lì dove esiste un aspetto della sessualità che non può essere né dibattuto né condiviso. La trasgressione ha bisogno del silenzio e del nascondimento, altrimenti non sarà fattibile.

Una sessualità senza trasgressione non può esistere, come sanno bene le coppie che resistono al tempo e alla noia inventando una trasgressione condivisa che permetterà loro di durare a lungo sul piano del rapporto.

Fabio e Laura erano una coppia sui trent'anni, felicemente sposati da quasi cinque. Si amavano profondamente e condividevano molto in termini di valori e interessi comuni. Tuttavia, da qualche tempo, la loro vita sessuale era diventata piuttosto monotona e insoddisfacente. Laura sentiva una mancanza di desiderio e Fabio, invece, era frustrato dall'assenza di intimità e passione.

Un giorno, durante una conversazione particolarmente aperta e onesta, Fabio confessò a Laura di avere qualche fantasia che non aveva mai avuto il coraggio di condividere. Laura, da parte sua, si sentiva inibita e temeva il giudizio del marito riguardo ai suoi desideri nascosti. Si resero conto che entrambi avevano esigenze e desideri inespressi per paura di essere giudicati o respinti.

Determinati a salvare il loro matrimonio e rinvigorire la loro relazione, decisero di esplorare insieme queste fantasie. Entrambi promisero di essere aperti e comprensivi, senza giudicarsi reciprocamente. Fabio parlò di quanto trovasse eccitante l'idea del role-playing (gioco di ruolo), mentre Laura rivelò di fantasticare di praticare il voyeurismo con il consorte.

Iniziarono a leggere libri e articoli sul tema della trasgressione condivisa e frequentarono dei seminari di coppia che spiegavano come introdurre nuove pratiche sessuali in modo sicuro e consensuale. Così, lentamente, ma con mutuo consenso e comunicazione costante, misero in pratica alcune delle loro fantasie.

Iniziarono con piccoli giochi di ruolo: Fabio si travestiva da medico in una simulazione di visita clinica, mentre Laura interpretava una paziente sensuale. Progressivamente, sperimentarono anche con l'introduzione di sex toys e scenari più complessi, sempre mettendo in primo piano il rispetto reciproco e la sicurezza.

Nel tempo, Laura e Fabio notarono che intraprendere queste attività trasgressive non solo aveva ravvivato la loro vita sessuale, ma aveva anche migliorato la loro comunicazione e intimità emotiva. Parlando apertamente delle loro esperienze e sensazioni, avevano abbattuto barriere emotive e psicologiche. Laura divenne più sicura di sé e del suo corpo, mentre Fabio imparò a essere più empatico verso le esigenze della moglie.

Si può vivere la trasgressione in una coppia lì dove non vi è timore e si determinano le condizioni per condividere le proprie ombre, a patto che ci sia una complicità radicale.

Infatti, come ci insegna Foucault, durante un rapporto sessuale ciò che è in gioco è il rapporto tra corpi che estremizzano il loro aspetto simbolico. I seni, le labbra, il fondoschiena, la pelle sono tutti «oggetti» che attivano nel partner qualcosa di profondo: il corpo dell'Altro, durante un amplesso è la tela su cui si proiettano le nostre fantasie più intime e profonde e questo meccanismo non sarà mai risolto con un sistema di regole sociali o di norme culturali.

Cosa tiene viva la sessualità in una coppia? La capacità di far vivere la trasgressione attraverso la ricerca di una complicità che, purtroppo, incontro sempre più raramente. Il sesso si esprime non nel sociale ma nell'intimo di ognuno di noi, attraverso la presenza dell'Altro che diventa catalizzatore dell'espressione dei nostri fantasmi più profondi.

L'alchimia che preserva la sessualità sta tutta qui: nel coniugare la difesa della propria ombra rendendola accessibile se, e solo se, vi è un Altro che la comprende, la rispetta, non si scandalizza, non giudica e ne capisce il valore.

Solo allora il sesso è possibile. Un sesso vero, profondo e appagante.

7
Il foulard dell'amore e il fantasma del sesso

Non esiste amore o sessualità senza l'ombra del divino. La sola razionalità, socialità, l'ovvio, il visibile o il percepito non potranno mai farci sentire il vigore dell'amore e dell'eros. Certo, possiamo riflettere su alcune questioni, ma non potremo mai cogliere il senso dei nostri sentimenti profondi.

Non a caso questo libro è un'aporia, un paradosso che però si sforza di decostruire il senso comune sulla sessualità e sull'amore. Così come può apparire paradossale accostare il sesso e l'amore a ciò che è trascendentale, sentimenti umani esperiti come immanenti, radicati nell'esperienza e nella quotidianità che, richiamano, anche, una dimensione lontana, eterea, immateriale.

L'amore, nella sua forma più pura e profonda, è sempre stato al centro delle grandi riflessioni filosofiche, religiose e poetiche dell'umanità. Una delle espressioni più potenti e misteriose di questo sentimento si trova nel

Cantico dei Cantici, uno dei libri più enigmatici e suggestivi della Bibbia, emblema del significato del legame tra eros e divino.

Composto da una raccolta di poemi lirici, il Cantico dei Cantici è tradizionalmente attribuito a re Salomone, ma il suo autore resta, in realtà, avvolto nel mistero. Questo testo sacro, in cui l'amore umano e divino si intrecciano in modo sublime, ci offre uno spunto privilegiato per esplorare il senso mistico dell'amore.

Il Cantico dei Cantici narra dell'amore appassionato tra due amanti, comuni protagonisti delle loro esperienze di desiderio, attesa e appagamento. Già nei primi versetti, l'intimità e il sentirsi scelti si manifestano attraverso un'ardente ricerca reciproca: «Baciami con i baci della tua bocca! Sì, le tue carezze sono più dolci del vino».[23]

La sensualità e la spiritualità si fondono, rivelandoci come l'amore possa trasformarsi in un'epifania mistica. L'amore infatti non è solo carnale: è un'esplorazione del sacro attraverso il profano, un cammino verso l'Altro infinito e ineffabile nascosto nel volto dell'amato.

Il Cantico racconta non solo il desiderio erotico (eros) degli amanti, ma anche l'amore più elevato (agape), quello spirituale e incondizionato. «Mettimi come sigillo sul tuo cuore, come sigillo sul tuo braccio, perché forte come la morte è l'amore, tenace come il regno dei morti è la passione: le sue vampe son vampe di fuoco, una fiamma del Signore.»[24] Il sigillo è un impegno indelebile, un simbolo di unione eterna, che segna la connessione tra due anime, oltre i confini fisici e temporali.

Il Cantico dei Cantici ha un suo dualismo chiaro: esiste l'amore ed esiste l'eros. Per quanto paradossale sia, è quindi proprio una delle scritture sacre a parlare di passione della carne e di sentimento amoroso. Le due componenti non sono uguali tra loro e nel poema biblico trovano una singolare dignità di racconto.

Che il sesso sia diverso dall'amore lo spiega bene anche l'antropologia, che ci tramanda l'insieme di miti e tabù che ruotano sulla sessualità umana e che sono determinanti per «regolamentare» la funzione produttiva e procreativa dell'essere umano.

Ecco alcuni esempi di regole e miti sulla sessualità presenti in diverse popolazioni e in diverse epoche.

Tra gli antichi polinesiani di Tahiti, gli are'oi erano una società di élite che aveva un ruolo particolare nelle dinamiche sessuali e sociali della comunità. Vivevano la sessualità più liberamente e senza i vincoli matrimoniali rigidi, e praticavano riti e cerimonie che includevano danze e canti dalla forte connotazione erotica.

Le storie tramandate descrivono l'origine degli are'oi in termini di un'unione sacra benedetta dagli dei Oro e Hina, sottolineando così il legame tra potere spirituale e comportamento sessuale.

Nell'antico Egitto, la sessualità aveva dimensioni pratiche legate alla procreazione e alla continuità della linea dinastica, ma anche connotazioni profondamente mitiche. I faraoni, infatti, potevano sposare le proprie sorelle o immediate parenti di sangue per mantenere la purezza dinastica e il legame con il divino.

Tra gli inuit del Circolo polare artico, la sessualità ha componenti pragmatiche associate alla sopravvivenza e ai legami sociali attraverso lo scambio di coppie e partner, in un contesto dove tali pratiche non solo rafforzano le relazioni tra gruppi, ma aiutano anche a garantire cooperazione in un ambiente duro.

Quando Freud parla di eros, parla di pulsione, un concetto complicato dal punto di vista psicologico: è quella forza che è al limite tra il corpo e la psiche, tra il soma e la mente e che produce sensazioni e cariche interne che necessitano di una scarica per poi ricominciare il loro percorso interiore.

La sessualità, per Freud, è uno degli effetti della pulsione ed è frutto di un'energia somatopsichica che non soggiace alle leggi della biologia né della razionalità. Una forza pura, che deve trovare la sua strada – o meglio, una cornice – in cui esprimersi e scaricarsi.

Vi è un tempio dove l'eros si alimenta e dimora?

Tornando alla mistica del Cantico dei Cantici mi soffermerei sul significato della figura del «giardino», una metafora ricca che rappresenta il cuore e l'anima degli amanti. «Sorgente dei giardini, pozzo d'acque vive, che scendono giù dal Libano!»[25]

Il giardino non è solo uno spazio fisico ma un luogo sacro, quasi edenico, dove l'amore dell'uomo e della donna si concretizza e riflette l'amore divino. All'interno di questo giardino vediamo lo spazio del sacro immanente, è il luogo dell'incontro in cui l'amore diventa eterna presenza. Il giardino emerge come uno dei simboli più potenti e evocativi, capace di catturare non solo l'essenza dell'amore umano e divino, ma anche di inserirsi in un contesto mitologico e religioso più ampio.

Nel Cantico dei Cantici, il giardino è un luogo di bellezza, fertilità e piacere. È rappresentato come uno spazio chiuso, «recintato»,[26] suggerendo intimità, esclusività e protezione. Questo spazio appartiene all'amata e rappresenta il suo corpo e la fecondità dell'amore. Il giardino, con le sue piante aromatiche e i suoi frutti deliziosi, evoca sensazioni di voluttà e di godimento, richiamando il piacere sensuale e spirituale derivante da un'unione amorosa.

In questo simbolismo, il giardino diventa il luogo ideale dove gli amanti possono incontrarsi e celebrare il loro amore in una perfetta fusione di corpo e spirito. Inoltre, il giardino è spesso associato all'idea di rinascita e rigenerazione, poiché è la sede naturale della crescita e del rinnovamento ciclico della vegetazione.

Il giardino nel Cantico assume una dimensione spirituale profondamente connessa alla mitologia biblica dell'Eden. Nei primi capitoli della Genesi, il giardino dell'Eden rappresenta un paradiso terrestre, un luogo di perfezione e abbondanza in cui l'uomo e Dio vivevano in armonia. Questo luogo mitologico è il prototipo di tutti i giardini successivi, il luogo primo da cui proviene l'umanità e verso cui aspira a ritornare.

Nel contesto del Cantico dei Cantici, il giardino può quindi essere visto come una eco dell'Eden perduto, un desiderio archetipico per ristabilire quell'armonia primordiale e divina. Rappresenta quindi non solo l'amore umano, ma un anelito più profondo per una connessione spirituale più alta e sacra.

L'immagine del giardino come culla dell'eros non può non richiamare alla mia mente un artista a me caro, Hieronymus Bosch, che in una delle sue opere ci mostra ulteriori spunti per comprendere il significato profondo dell'amore.

Il suo *Trittico del Giardino delle delizie*, realizzato alla fine del XV secolo, è una delle opere più enigmatiche e iconiche della storia dell'arte. È ricca di dettagli simbolici e affronta temi complessi come il peccato, la redenzione e l'amore. Analizzare il trittico attraverso il prisma dell'amore ci permette di scoprire una dialettica intricata tra il sacro e il profano, l'innocenza e la colpa, la purezza e la corruzione.

Il trittico è composto da tre pannelli principali, con il pannello centrale più ampio e i due laterali che si chiudono come una porta a libro. Ognuno rappresenta tre scene distinte ma interconnesse: Pannello sinistro – Il Paradiso terrestre; Pannello centrale – Il Giardino delle delizie; Pannello destro – L'Inferno.

Nel Giardino dell'Eden, vediamo Adamo ed Eva sotto lo sguardo benevolo di Dio. Qui l'amore può essere compreso in senso biblico come l'amore primigenio e puro tra l'uomo e la donna, direttamente creato da Dio. L'Eden rappresenta infatti uno stato di innocenza paradisiaca e armonia originaria. Potremmo immaginare che Bosch ci suggerisca che l'amore nasce così, in modo primigenio e puro, quasi istintivo come quando con l'istinto della fede si coglie la presenza di Dio. L'amore è qui armonioso e perfetto, privo di macchie, simbolo della perfezione divina, un'unità edenica che presto verrà compromessa. È il punto di partenza.

Il pannello centrale è la parte più famosa del trittico, raffigurante una moltitudine di figure umane, animali e vegetali coinvolti in attività voluttuose e talvolta bizzarre. Qui, l'amore assume molteplici sfaccettature.

Gli uomini e le donne rappresentati sembrano indulgere in piaceri sensuali e carnali, suggerendo un amore terreno e fisico. Le scene di nudità e comportamenti edonistici indicano un'immersione nell'amore carnale, fuori dal contesto sacro dell'Eden, che rappresenta la «pratica» dell'amore, gli «esercizi» quotidiani di contatto con l'Altro che cedono in purezza ma possono legare gli amanti grazie all'erotica dei corpi e dei bisogni. Gli strani frutti e le piante giganti simbolizzano la fertilità e l'abbondanza. In questo senso, il Giardino delle delizie è anche un'ode alla vita e alla fecondità, aspetti fondamentali dell'amore umano vissuto nel tempo.

Il tema della sessualità e delle trasgressioni nel contesto di una relazione di coppia, specialmente attraverso la lente della complicità, è ricco e complesso. Mettendo insieme il simbolismo visivo del Giardino delle delizie di Hieronymus Bosch e alcune riflessioni sulla sessualità, possiamo tentare di andare oltre il consueto.

Il pannello centrale del trittico è visto spesso come una raffigurazione dell'abbandono ai piaceri della carne. Le figure interagiscono senza alcun apparente senso di vergogna o colpa, immersi in varie attività sensuali, alimentando una comprensione della sessualità come una celebrazione della carne e del desiderio. Le numerose rappresentazioni di creature ibride e situazioni surreali suggeriscono la trasgressione delle norme sociali e naturali, un tema che può essere interpretato come il superamento dei tabù sessuali e l'esplorazione del regno dell'immaginazione erotica.

La complicità è dal mio punto di vista l'essenza delle immagini del Giardino delle delizie: poter vivere anche di trasgressione nella sessualità di coppia è un processo notevole che permette di spostare i confini in modo consensuale e sicuro, rafforzando il legame tra i partner.

Quando i partner si fidano profondamente l'uno dell'altro, possono esplorare il territorio trasgressivo senza paura di giudizi o rifiuti. Possono esplorare in una cornice di rispetto e accettazione fantasie e desideri che potrebbero sembrare tabù o fuori dal comune.

Come però insegna la psicoanalisi, non basta la fiducia: in una coppia, omo o etero, il sesso sopravvive al tempo, alla noia, alla mancanza di passione se l'unione prevede che ci sia la possibilità di condividere i desideri e le fantasie più profonde. Lacan definirebbe questa profondità quella del «fantasma», ovvero dei simboli con cui i nostri desideri si possono riconoscere e comunicare.

Per condividere il fantasma sessuale e aprirsi reciprocamente alle trasgressioni, alle fantasie, ai limiti della sessualità, è necessario che entrambi i coniugi abbiano accessibilità e comprensione del fantasma altrui. Il giardino dovrebbe ospitare il fantasma. Cosa rara ma non impossibile.

Come ci insegna la storia però è più facile mettere in scena i fantasmi con gli amanti o con le escort che nel proprio rapporto di coppia.

La trasgressione nella sessualità di coppia non deve essere vista semplicemente come un atto di ribellione o perversione, ma piuttosto come un'opportunità di crescita e di consolidamento del rapporto. La capacità di essere complici in questi atti rinforza il senso di unità e comprensione reciproca.

Ritornando all'arte, soffermiamoci sul pannello destro dell'opera di Bosch, che mostra gli effetti delle delizie carnali e dei peccati raffigurati nel pannello centrale. Qui, i peccatori sono puniti in una visione infernale di tortura e tormenti estremi. L'amore si manifesta come un'illusione perversa, trasfigurata in colpa e dannazione eterna. Le pene inflitte alle anime nell'Inferno simbolizzano la conseguenza inevitabile dell'abbandono della strada dell'amore sacro per indulgere nei piaceri profani. Se il pannello centrale celebra l'eros umano in tutta la sua abbondanza e diversità, il pannello di destra ne mostra la decadenza e la punizione, a ribadire l'importanza del ritorno alla primigenia dell'amore e alla sua prassi erotica.

Bosch offre una logica evolutiva dell'amore che forse dovremmo intendere in una possibile ciclica che parte dall'amore edenico, passando per quello carnale e poi finire al punto di degrado che necessita una ripresa della ciclicità. Un po' di dannazione è necessaria nella pulsione sessuale.

La mitologia del giardino come emblema del campo

simbolico in cui può vivere l'amore è ripresa anche da una delle più affascinanti culture passate, ovvero quella dei sufi.

Uno dei più illustri poeti sufi, Hafez, scrive: «Segui i petali della rosa, perditi nelle erbe, nel sentiero nascosto del giardino sortiscono segreti per gli occhi inclini».[27]

Nel giardino vi sono i segreti dell'amore, pronti a essere colti da occhi predisposti. Qui, gli amanti dialogano, si cercano, chiamano l'uno l'altro; ogni parola diviene preghiera, ogni abbraccio una liturgia. L'intimità qui non è solo un atto fisico, ma anche un atto spirituale, un comportamento che risuona dell'antico mistero del divino nell'essere umano.

Per i sufi, il giardino è un luogo di contemplazione e ricerca interiore, dove l'anima può riflettere sulla bellezza divina e aspirare all'unione con l'Amato Celeste.

Nel vasto universo della spiritualità e del misticismo, pochi cammini offrono una comprensione così profonda e radicale dell'amore come quello tracciato dal sufismo. Questa corrente esoterica dell'Islam, risalente a oltre mille anni fa, trova il suo punto focale nella ricerca dell'unione con il divino attraverso l'amore.

Per i sufi, l'amore non è soltanto una qualità umana, ma la sostanza stessa del creato, un mezzo per ascendere oltre le limitazioni del mondo materiale e arrivare alla connessione sacra con Dio.

L'amore è inevitabilmente trascendenza, ma se da parte nostra non vi è lo sguardo pronto a vedere l'altrove, l'amore non potrà cogliere la sua reale essenza che è, come ci ricordano i sufi, divina.

È fondamentale provare a leggere l'aggettivo «divino» non soltanto nell'accezione religiosa, ma soprattutto dalla prospettiva di chi crede che la propria esistenza non sia possibile solo per ciò che appare ai nostri sensi e alla nostra mente.

Nel pensiero sufi, l'amore ha origine dalla sorgente stessa da cui tutto proviene: l'Amato divino. «Ama Dio non per paura dell'inferno o per desiderio del paradiso, ma per Dio»[28] affermava Rābi'a al-'Adawiyya, una delle prime e più rinomate mistiche sufi.

L'amore per il Creatore trascende tutti i desideri terreni e persino la paura della punizione o la speranza del premio. È un amore che vive della sua purezza, un viaggio di ritorno alla nostra vera essenza, poiché l'anima è una scintilla del divino.

Un principio sufi essenziale è che non esiste vera separazione tra l'amante e l'amato, tra l'umanità e il divino: l'intera creazione risuona con l'essenza di Dio, ed è nell'intimo della ricerca amorosa che l'uomo ne riconosce l'unità profonda.

È attraverso il foulard dell'amore che iniziò il celebre poeta sufi Rumi il suo cammino verso l'unione con il divino, attraversando il deserto della sua anima in cerca del volto eterno dell'amato. Il «foulard d'amore» rappresenta quel «velo» necessario per il sentimento.

Il velo in generale, nel misticismo sufi e nella poetica di Rumi, simboleggia le barriere tra l'umano e il divino. È una metafora per l'illusione e la separazione che impedisce la piena unione con l'amato, che nel contesto sufi è spesso Dio. Nella prospettiva sufi, il velo ci separa dalla verità dell'amore ma nel contempo ci attira a causa del mistero che si cela al suo interno. Per Rumi, il viaggio dell'amore è un processo di rimozione di questi veli, raggiungendo attraverso l'estasi mistica un vero contatto con il divino.

Come il velo copre e rivela al contempo, così l'amore autentico richiede di addentrarsi in un mistero profondo, che non può essere completamente svelato né compreso dall'intelletto umano. Le prove e le tribolazioni dell'amore umano aiutano ad affinare l'animo per accedere a livelli più alti di spiritualità e comprensione.

Il foulard ci copre, ci nasconde dal mondo, ci separa dalla verità dell'amore che diventa una conquista, ma soprattutto ci lega. «Tu ed io dietro il velo, respirando uno nella bocca dell'altro. Questo è il significato della mia vita.»[29]

Per cogliere il senso mistico dell'amore sufi, bisogna comprendere la figura del faqir o derviscio, che abbandona ogni attaccamento materiale per cercare l'unione con Dio. La pratica dell'ascesi non è solo un distacco dagli oggetti materiali, ma un'incessante purificazione del cuore, affinché diventi il ricettacolo dell'amore divino. Si narra che Rumi, durante una delle sue intense sessioni di danze roteanti, bruciasse letteralmente d'amore, innanzitutto per se stesso – distruggendo con ardore i desideri egoistici –, poi semplicemente nel caldo fuoco d'amore per Dio

Il derviscio danza in cerchio, emblema del movimento perpetuo dell'universo, simbolo dell'amore come forza cosmica, espressione esteriorizzata dell'incessante ricerca interiore – perché l'amore è ricerca interiore.

La danza sufi non solo connette il derviscio con la divinità, ma è un linguaggio silenzioso che comunica l'ineffabile attraverso lo stato di estasi, dove l'amante e l'amato si fondono all'unisono.

«L'amore è l'alchimia che trasforma ogni realtà materiale in esperienza divina»[30] viene declamato dai dervisci.

Ogni relazione amorosa ha bisogno di mistero, di trascendere la realtà non solo con le fantasie e le aspettative, ma attraverso un percorso interiore spirituale (qualsiasi esso sia) che ci possa far vivere in una dimensione vera il rapporto con l'alterità. Il giardino è quel luogo segreto che ogni coppia deve poter creare simbolicamente, dove ci si possa ritrovare con l'amato lontano dal mondo esterno, un rifugio di passione, intimità e quiete. Questa metafora sottolinea l'importanza del tempo e dello spazio dedicati esclusivamente alla coppia, dove l'amore può essere coltivato senza distrazioni.

Un giardino richiede attenzione continua e cura, così come l'amore e così come il nostro processo di crescita interiore. Per restare rigoglioso, non può essere trascurato; e l'amore deve essere nutrito e coltivato con dedizione, comprensione e impegno reciproco.

È amando davvero che si evolve. È l'amore, bellezza incarnata in forme naturali, il mezzo attraverso cui si realizzano le potenzialità spirituali complete dell'individuo.

Come i fiori in un giardino attirano con i loro colori e profumi, così l'amore fiorisce con piccoli atti di bellezza e gesti significativi che rafforzano il legame.

Come un giardino necessita di luce, acqua e attenzione per prosperare, così una relazione richiede impegno costante, cura reciproca, comunicazione e tempo dedicato alla crescita dell'altro.

Costruire e nutrire il proprio giardino interiore – cioè, la propria capacità di amore, compassione e trasgressione – contribuisce al benessere della coppia. Questo richiede contatto con la parte profonda di sé e del partner, saper stare nelle proprie viscere, cercando una continua crescita emotiva. Il rapporto di amore ha una sua necessaria verticalità e profondità. Nulla dell'amore può restare in superficie.

8
Sul femminicidio: oggetto d'amore, oggetto di morte

La riflessione psicoanalitica sul sentimento amoroso è basata su come esso sia composto di istinti e sentimenti assai antichi e complessi. Tale visione sarà poco romantica ma di certo è molto utile, soprattutto se si vogliono comprendere tutti gli aspetti contraddittori che girano intorno agli affetti umani. Tra questi risalta proprio l'amore trasformato in odio e minaccioso di morte, che contraddistingue i modi di reagire a contatto con l'«oggetto» amoroso.

Per quanto scandalosa sia, l'espressione «oggetto d'amore» non può essere edulcorata, perché per la psicoanalisi la persona amata – donna o uomo che sia – ha sempre la valenza di «oggetto» e non solo di individuo, e per comprendere la logica delle violenze in ambito amoroso bisogna partire proprio da qui.

La psicoanalisi ci insegna infatti che l'oggetto d'amore non rappresenta solo colui al quale dirigiamo i nostri affetti e le nostre attenzioni, ma è anche un riflesso delle nostre esperienze interne, dei desideri nascosti e delle necessità profondamente radicate. La persona che amiamo racchiude un mix di elementi che sono sia esclusivi della sua persona, sia hanno a che fare con la nostra storia. L'oggetto d'amore è quindi un'alchimia di pezzi di vita a noi sconosciuti (appartenenti all'altro) frammisti a questioni profonde che ci riguardano; quando guardate negli occhi il vostro partner troverete sempre qualcosa di voi stessi, nel bene e nel male. Analizzare cosa significhi scegliere un particolare oggetto d'amore ci aiuta a comprendere meglio le dinamiche sottili dell'attrazione, dell'attaccamento e della relazione.

Da un punto di vista psicoanalitico, il concetto di «oggetto» nasce dall'idea che alcune modalità di relazione si sviluppino fin dall'infanzia. Sigmund Freud introdusse il termine «oggetto» per descrivere quegli esseri o cose verso cui il bambino dirige i suoi primi impulsi libidici. Tipicamente, i primi oggetti d'amore sono i genitori o i caregiver, figure cruciali che forniscono vicinanza fisica ed emotiva.

Nei primi anni di vita, le esperienze che un bambino ha con il proprio «oggetto primario di accudimento» influenzano profondamente i modelli di amore e relazione che si svilupperanno nell'età adulta.

Quando parliamo di cultura che favoreggia le violenze di genere dobbiamo iniziare a discutere anche del contesto emotivo in cui cresciamo i nostri figli, contesto che il più delle volte si racchiude in dinamiche non solo sociali ma soprattutto familiari.

Se è vero che la cultura machista e maschilista determina violenza di genere, è altrettanto certo che gli effetti di un certo stile di educazione e di affettività che impartiamo ai nostri figli finiscono per definire imprinting esistenziali che si esprimono perlopiù nelle relazioni d'amore.

Parte della complessità nel processo di scelta di un oggetto d'amore consiste nel fatto che spesso proiettiamo caratteristiche ideali o parti di noi stessi su di loro. Questa dinamica determina la ricerca – a volte ossessiva e a volte psicotica – nell'altro di qualità che forse percepiamo mancanti in noi stessi, rendendo le relazioni un terreno fertile per la dipendenza ma anche per il conflitto.

Con il passare degli anni, la selezione dell'oggetto d'amore diventa un riflesso delle nostre necessità evolutive e dello sviluppo psichico. Gli adulti cercano relazioni che riecheggino le prime esperienze di legame, sperando di risolvere vecchi conflitti o trovare nuova validazione e accettazione. Un amore immaturo vede spesso l'oggetto d'amore come un mezzo per soddisfare bisogni interni, senza considerare le reali peculiarità dell'altro; un partner, infatti, può diventare il destinatario di sentimenti originariamente riguardanti figure parentali, e in questo modo si replicano inutilmente schemi passati di conflitto o incomprensione.

In queste condizioni emotive il momento della fine di una relazione amorosa, della perdita di un oggetto d'amore – sia attraverso la separazione che la morte – riattiva profonde paure di abbandono e solitudine tipiche dell'infanzia.

Essere percepiti o percepire l'altro come oggetto d'amore, ovvero come un elemento della nostra psiche su cui proiettare il film della nostra infanzia con l'auspicio di cambiarne il copione, può rendere le relazioni molto pericolose, perché se il copione originale terminava con un finale amaro, fatto di sensazione di solitudine, abbandono, non amabilità, questi spettri saranno le ombre che attanaglieranno il rapporto di coppia.

L'amore è una forza potente, capace di trasformare, guarire e connettere. Tuttavia, nelle sue sfumature più oscure, può determinare una dinamica complessa e pericolosa, dove l'oggetto d'amore diventa fonte di ossessione, controllo e, nei casi più estremi, violenza. In alcune situazioni, la linea tra amore e dominio si offusca. L'oggetto d'amore non è più visto come un essere autonomo, ma piuttosto come una proprietà da possedere e controllare, visione spesso frutto di insicurezze interne, paure di abbandono o esperienze passate di rifiuto.

Il partner può essere inizialmente idealizzato come perfetto, unico e indispensabile. Quando questa idealizzazione inevitabilmente crolla, la persona percepisce che il proprio senso di valore e identità è minacciato, e reagisce con tentativi estremi di ristabilire la relazione e il possesso. Essere idealizzati deve essere il primo segnale da cogliere per capire che la relazione amorosa potrebbe prendere una brutta piega. Non c'è mai troppo da fidarsi quando i primi mesi di una storia sono segnati del fatto che il partner idealizzi l'amato sino a renderla o renderlo un'icona da idolatrare. Essere idolatrati all'inizio di un rapporto può nutrire il proprio narcisismo facendoci gongolare, ma questa narcosi potrebbe presto trasformarsi in un incubo: a seguito di una banale situazione (la suocera fastidiosa, una gelosia causata da un collega, un successo lavorativo che mette il partner in difficoltà elicitando sentimenti di inferiorità), si può infatti facilmente passare dall'idealizzazione al conflitto.

Dal punto di vista psicoanalitico, l'oggetto d'amore può diventare il recipiente di tutto ciò che non si riesce ad accettare di sé, portando una lotta interna con se stessi a manifestarsi in violenza fisica contro il partner.

Da quel momento l'incubo inizia a prendere corpo. La relazione diventa teatro di abusi, dai più marginali a quelli più gravi (compresa la violenza fisica o sessuale), l'aggressore cerca di isolare la vittima dal supporto esterno, incrementando così la dipendenza emotiva e pratica dell'altro. Questo ciclo si autoalimenta, creando un ambiente in cui l'abusante percepisce di avere il controllo, mentre la vittima si sente intrappolata. Tale controllo spesso si evolve da manipolazioni e minacce verbali a vere esplosioni di violenza fisica.

Il culmine distruttivo di questa dinamica si scatena quando il partner vessato decide di separarsi. La perdita dell'oggetto d'amore può suscitare reazioni violente e pericolose se il contesto emotivo è come quello sino a ora descritto.

Quando l'oggetto d'amore funge da pilastro per l'identità di una persona, la sua perdita mette a dura prova l'autodefinizione dell'individuo, portando a confusione e disperazione. Nei casi in cui ci sono traumi pregressi legati all'abbandono, la perdita può risvegliare vecchie paure profondamente radicate, intensificando la risposta emotiva e potenzialmente violenta.

La rabbia può derivare dalla sensazione di essere stati ingannati o non rispettati. Un ex partner può essere percepito come traditore nei confronti di quello che era un sogno condiviso. L'angoscia dell'assenza può essere talmente intensa da non sembrare rielaborabile e superabile, portando a sfoghi violenti come modalità, seppur distorta, di esprimere l'immenso disagio interno.

Alcuni individui, nel tentativo di riguadagnare un senso di controllo sull'ambiente, cercano di ristabilire un dominio attraverso la violenza o il potere coercitivo nei confronti dell'oggetto perduto; in assenza di canali appropriati per esprimere i propri sentimenti, la frustrazione può cumulare fino a un punto di rottura. Nella mente del partner violento che viene lasciato, attraverso un meccanismo psichico molto regredito definito «scissione», si verifica una separazione tra le aspirazioni positive verso l'oggetto d'amore e quelle negative, incanalando quest'ultime in atti violenti.

Alcuni possono addirittura razionalizzare la violenza, finendo per ritenerla un atto di giustizia o di restaurazione, necessario per riequilibrare l'universo personale. Quando nulla riesce a tamponare l'angoscia della perdita o il sentimento di frustrazione dettato dalla fine del legame affettivo, il partner violento può decidere di uccidere l'amata perché solo attraverso questo atto finale può far cessare il circuito del malessere profondo dal quale proviene e che fa agire tutti gli spettri originati dai suoi legami primari. L'omicidio-suicidio o solo l'uccisione dell'ex partner spengono questo delirio emotivo che si era strutturato in una danza macabra fatta di idealizzazione e mortificazione, di esaltazione e prigionia, di passione e violenza, di possesso e morte.

Se è vero che i retaggi culturali possono determinare alcune dinamiche tra generi che sono a rischio di fatti efferati, è altrettanto vero che non andranno mai mistificate quelle realtà intrapsichiche che sono determinate da come abbiamo trasmesso il senso dell'amore e dell'accudimento ai nostri figli. Forse è necessario, accanto alla contestazione della cultura maschilista, iniziare a interrogarci quale «senso» dell'amore e dell'accudimento impartiamo ai nostri figli quando sono certamente dipendenti dal nostro amore. Il fatto che queste dinamiche siano prevalentemente fondate su ruoli pressoché stabili, ovvero l'uomo violento e abusante e la donna vittima, ci deve far riflettere in modo laico su alcuni aspetti che partono dall'educazione affettiva e che finiscono nel grande calderone della «cultura» del nostro tempo.

Ma è sempre questa la dinamica, maschio violento e donna vittima? In questi termini sì, perché le donne, a differenza degli uomini, quando sono preda del bisogno di possesso il più delle volte orientano l'aggressività verso loro stesse.

Vi racconto la storia di Giulia, già in parte narrata nel mio precedente libro *Fragili*[31] in cui riporto l'esordio della sua anoressia, contraddistinta dall'ossessione di dimostrare a se stessa di essere in grado di cavarsela da sola. L'anoressia, dopo una prima fase molto acuta, si era stabilizzata per poi scomparire quando a sedici anni Giulia ha conosciuto il diciannovenne Enrico, che sarebbe diventato il suo fidanzato.

Giulia è passata dunque dal dover dimostrare di essere totalmente immune all'altro, all'esperire l'importanza della presenza di qualcuno nella sua vita. Dopo due anni di apparente benessere e stabilità, con fisiologici alti e bassi tra loro e nelle loro vite, Giulia è tornata da me raccontandomi dell'angoscia e della sofferenza che le causavano quel rapporto.

L'evento scatenante era stato il ritorno da un viaggio insieme e la successiva partenza di Enrico con la sua famiglia per una settimana. Per Giulia l'immagine di lui che si allontanava da lei per andare in un altro luogo e ricevere altre fonti di affetto era insopportabile.

Alla domanda su quale fosse l'aspetto che le appariva così terribile Giulia ha risposto: «Se uno ama una persona non dovrebbe sentire l'esigenza di fare altro, o stare con altre persone».

Nella mente di Giulia l'amore era un guscio in cui la coppia trova tutto il necessario per sopravvivere, ed eventuali cenni di guardare oltre o di cercare qualcosa al di fuori di esso era avvertito come minaccia. Giulia non solo non concepiva una vita fuori dal guscio, ma non era disposta a mettere in discussione l'esclusività della sua concezione d'amore. L'unica soluzione alternativa era anoressizzarsi o autoledersi.

Per Giulia ora la questione è come far coesistere il suo bisogno di simbiosi, di attaccamento esclusivo e radicale – unica sua concezione dell'amore – con una fisiologica dinamica di coppia che evidentemente non può che danzare tra presenza e assenza, senza di certo risiedere nel guscio isolato.

In alcune vite l'oggetto d'amore si fonda sull'idea delirante di poter essere tutt'uno con l'altro, e da qui spesso partono i malesseri legati alla coppia.

Su questo torna a essere illuminante la riflessione di Freud sull'amore, che in alcuni passaggi si concentra sul tema del rapporto amoroso anaclitico.

Il termine «anaclitico» deriva dal greco «*anaclisis*», che significa «appoggiarsi» o «fare affidamento su». In psicoanalisi, il concetto di amore anaclitico di Freud si riferisce al tipo di relazioni d'amore che si fondano su un legame di dipendenza da oggetti o figure che ricordano, simbolicamente, il rapporto originale con le figure materne o paterne dell'infanzia.

L'amore anaclitico si caratterizza per la dipendenza emotiva dall'altro, simile a quella che il bambino vive verso i genitori. In pratica, l'individuo cerca di stare in coppia con partner che offrano questo tipo di supporto e cura.

Gli individui attratti da un amore anaclitico cercano rassicurazione e sicurezza nell'altro, spesso riproducendo modelli di accudimento vissuti nell'infanzia. Questa dinamica è motivata da un bisogno di controllare l'angoscia d'abbandono e comporta la tendenza a vedere il partner attraverso il filtro dell'ideale genitoriale, piuttosto che come una persona dotata di autonomia.

Sul versante maschile, invece, le dinamiche sono un po' diverse e sono sicuramente legate anche ad aspetti sociali e culturali.

Molte culture sono ancora radicate in schemi relazionali di potere vetusti e non evoluti, dove gli uomini sentono la necessità di esercitare controllo sulle proprie partner. Questa incapacità di accettare un cambiamento nei ruoli alimenta dinamiche in cui la violenza viene vista come un mezzo per mantenere il dominio.

Il principio di autorità, soprattutto in uomini che si sentono minacciati nella loro capacità «virile» di stare al mondo, può diventare il mantra che orienta le modalità con cui un uomo percepisce il legame d'amore. La minaccia alla virilità è un feticcio che oggi si muove solo per quegli uomini che non sono riusciti a emanciparsi da certi cliché legati al genere. Esercitare un potere violento e aggressivo nei confronti di una donna è, al contrario di come si potrebbe pensare, segno di una profonda debolezza dell'uomo, che resta vittima di un'educazione sentimentale e culturale in cui l'altro è strumento per lenire le sue ataviche e immature insicurezze.

Tali insicurezze non sono solo frutto della cultura patriarcale, e se vengono incasellate unicamente in problematiche culturali non verranno mai eradicate del tutto.

Le società patriarcali tradizionali, tra l'altro, spesso operavano con ruoli di genere ben definiti e gerarchie familiari che fornivano un chiaro quadro di aspettative; la struttura gerarchica poteva dare un senso di stabilità e prevedibilità all'interno della famiglia e della comunità. Gli uomini erano tipicamente responsabili della protezione e del sostentamento della famiglia, mentre le donne si prendevano cura della casa e dei figli. Le norme sociali erano ben delineate, con rigidi codici comportamentali che regolavano le interazioni tra i sessi. Queste norme includevano spesso valori come l'onore, il rispetto e la «protezione» delle donne appartenenti alla propria famiglia o comunità, creando un sistema di controllo sociale che scoraggiava comportamenti violenti e promuoveva la responsabile gestione dei propri ruoli.

Sul piano psicoanalitico, le famiglie patriarcali potevano soddisfare il bisogno di appartenenza e sicurezza emotiva, con gerarchie ben definite che aiutavano a proteggere i legami familiari e nutrire connessioni emotive solide. La presenza di un codice etico condiviso creava le basi per un'interazione regolata. In una struttura rigida di ruoli, l'aspettativa di comportamento viene uniformemente distribuita e interiorizzata. Ciò significa meno sorprese nei rapporti tra i sessi, laddove ogni individuo conosce bene i propri compiti e diritti, riducendo potenzialmente conflitti e sentimenti di incertezza.

Lungi da me fare un elogio di strutture sociali storiche e superate, anche perché l'adesione ai ruoli tradizionali e al conservatorismo poteva generare altre forme di sofferenza psichica e subordinazione delle donne, pur nel mantenimento della facciata di armonia relazionale. Ma la provocazione che vorrei lanciare, con lo scopo di aggredire in modo sostanziale i meccanismi di violenza contro le donne, è legata al bisogno di guardare in faccia il mostro che arma le mani insanguinate dei maschi di oggi, un mostro con molti volti che spesso incarna il lato perverso di una debolezza senza princìpi e senza codici che ha come unico strumento di sopravvivenza quello della violenza.

Le comunità patriarcali erano a volte più coese, la famiglia allargata e la comunità locale giocavano ruoli centrali nella vita quotidiana, creando reti di supporto più forti. Questo poteva aiutare da un lato a mitigare comportamenti violenti, dall'altro non offriva margini di interpretazione sull'identità maschile o femminile difendendole dalle aspettative sociali. In un mondo in cui i codici sono cambiati, le identità sono meno definite dai costrutti sociali, la donna ha ribaltato certe rigide sovrastrutture, l'uomo inteso come maschio è ossessionato del dimostrare a se stesso di essere ancora «uomo», con tutto quello che comporta per lui e per le partner.

Il problema è che manca una definizione «aggiornata» di «uomo», e in questa indefinitezza il maschio è senza identità, perso e reattivamente violento.

Nell'era contemporanea, le donne stanno sempre più rivendicando la loro autonomia, il che può essere percepito come una minaccia da parte di uomini cresciuti con modelli di relazioni più arcaici o meno evoluti. Questo cambiamento può acuire l'aggressività in uomini impreparati a relazioni paritetiche.

Molti uomini vivono oggi una crisi identitaria a causa del luogo comune che vuole il maschio sempre forte, virile e resiliente. Questa percezione li porta a reprimere le proprie vulnerabilità, accumulando frustrazione e rabbia. Quando la relazione finisce, essi percepiscono una minaccia esistenziale, agendo talvolta in modo violento.

Come abbiamo già detto, tutti gli individui portano in sé un'eredità di esperienze infantili precoci. Pattern di comportamento violento possono quindi derivare dall'osservazione di modelli genitoriali inadeguati o da una mancata regolazione emotiva nei primi anni di vita, che rende difficile la gestione delle emozioni in età adulta.

Nella nostra società, molti uomini crescono con forti aspettative rispetto al loro ruolo e alla loro identità di genere. I paradigmi culturali tradizionali creano un ambiente in cui per un uomo esprimere vulnerabilità è visto come una debolezza o un fallimento. La pressione a conformarsi a questa immagine idealizzata può avere effetti deleteri sulla salute mentale, incoraggiando la repressione emotiva e la negazione dei bisogni interiori.

La capacità di affrontare difficoltà esterne è infatti spesso confusa con l'impervio controllo delle emozioni interne. Questa distorsione promuove l'idea che chiedere aiuto o manifestare fragilità significhi tradire il proprio genere, e quindi fallire. Così, la spinta verso un'autonomia ferrea diventa una gabbia: non una dimostrazione di forza, ma il suo contrario. Quando la repressione delle emozioni si radicalizza, può determinare una cascata di ricerca di esperienze relazionali volte a colmare l'assenza di legami veramente autentici e reciprocamente influenti.

Quando una relazione romantica si conclude, possono emergere sentimenti di angoscia e fallimento che l'individuo non sa come gestire. L'idea del maschio resiliente vacilla e con essa l'intera impalcatura della propria identità. La persona si trova ad affrontare un senso di vuoto e una paura di perdita di se stesso, temi legati a profonde angosce esistenziali.

Le emozioni represse, come la rabbia e la frustrazione, possono così affiorare in maniera esplosiva, portando a comportamenti autolesionistici e violenti nei casi più estremi. Questo accade non solo a causa dell'abitudine a non elaborare e integrare queste emozioni, ma anche per l'improvvisa e apparente distruzione del mito della virilità che finora aveva guidato l'individuo.

Il caso che sto per raccontarvi mi fornisce un ottimo esempio di quanto detto sino a ora.

Marco, trentacinquenne, si è presentato in terapia lamentando un profondo senso di tristezza e confusione dopo la fine improvvisa e dolorosa di una relazione sentimentale durata quattro anni. Mi ha detto di sentirsi «inadeguato» e ha riportato una difficoltà crescente nel conformarsi alle aspettative che ha di sé come uomo. Durante le prime sedute, è emerso che la sua relazione con Laura, la sua ex compagna, era stata centrale per la sua identità, e la conclusione aveva scosso le fondamenta del suo senso di sé.

Nel corso della terapia, abbiamo esplorato i modelli relazionali di Marco e le sue credenze sottostanti sull'essere un uomo. Fin dall'infanzia, Marco era stato esposto a un modello di virilità refrattario all'espressione dei sentimenti, assimilato dal padre, un uomo severo e pragmatico, incline a minimizzare l'importanza delle emozioni. Marco sentiva che l'essere maschio significava essere forte, indipendente e non mostrare debolezze, aspirazioni coltivate fino all'età adulta.

In Laura, Marco aveva trovato una relazione che inizialmente appariva come una conferma del suo valore e della sua idea di successo maschile. Tuttavia, col tempo, aveva iniziato a reprimere sempre più frequentemente i propri bisogni emotivi, nell'intento di mantenere un'immagine di partner capace e invulnerabile.

La terapia ha aiutato Marco a comprendere che a causa di queste dinamiche aveva inconsapevolmente trascurato aspetti di autenticità e vulnerabilità nella relazione.

A un livello più profondo, abbiamo esplorato come la sua adesione rigida agli ideali di virilità lo avesse intrappolato in un ciclo di paura dell'abbandono e incapacità di elaborare la perdita. Marco mi ha raccontato che il rifiuto da parte di Laura sembrava confermare il suo «fallimento» come uomo, invalidando ulteriormente la sua identità, già fragile a causa della svalutazione dei propri bisogni emotivi.

Durante le settimane immediatamente precedenti alla separazione, Marco aveva vissuto un'escalation di ansia e incertezza. Sebbene non si sentisse in grado di identificarne chiaramente il motivo, percepiva una crescente pressione interna nel tentativo di mantenere il controllo sulla relazione. Temendo che qualcosa potesse andare storto, aveva nascosto le sue preoccupazioni a Laura, credendo che discutere tali sentimenti potesse rappresentare un segno di debolezza.

Marco aveva così iniziato a vedere riflessi della sua percepita inadeguatezza in ogni piccola difficoltà che emergeva. Sentiva che qualsiasi problema con Laura fosse una conferma della sua incapacità di essere un partner all'altezza. L'impossibilità di rispettare i propri ideali di infallibilità lo faceva sentire come un fallimento nel suo ruolo maschile.

Un tratto costante durante la relazione era stata la tendenza di Marco a reprimere le proprie emozioni. Crescere in un ambiente che dissuadeva dall'esprimere vulnerabilità aveva contribuito a instaurare un meccanismo di difesa che precludeva un sincero scambio emotivo con Laura. Questa repressione si era accentuata ulteriormente mentre cercava di «aggiustare le cose da solo», rifuggendo ogni supporto esterno.

Subito dopo la separazione da Laura, Marco era caduto in una grave depressione. La sua routine quotidiana era stata stravolta, percepiva un senso di vuoto che non riusciva a colmare. Il dolore non era solo per la perdita di un partner, ma anche per una parte significativa della propria identità.

Anche se inizialmente indirizzati verso Laura, questi sentimenti erano in realtà un riflesso del suo autorimprovero per non aver saputo «tenere insieme le cose».

Dopo qualche seduta, è riuscito a capire che alla base del suo malessere c'erano la frustrazione e il risentimento verso le aspettative a cui sentiva di dover aderire.

Nelle sue sedute Marco ha esplorato sentimenti connessi all'idea della sua inadeguatezza come uomo. La separazione aveva apparentemente confermato il suo timore di «non essere abbastanza», riecheggiando timori di vecchia data legati alla sua identità maschile. In questa fase, le sue percezioni di sé erano particolarmente critiche e implacabili.

L'identità maschile di Marco era fortemente associata all'idea di dover essere il pilastro emotivo e materiale. Questo creava una pressione interna smisurata, generando ansia e paralisi sul piano relazionale, influenzando la sua capacità di esprimere sentimento e umanità. La convinzione che la vulnerabilità potesse intaccare la sua mascolinità lo teneva spesso distante emotivamente, alimentando una disconnessione eventuale nella sua relazione. Solo più tardi, in terapia, Marco ha iniziato a scoprire che la forza autentica risiede nella capacità di integrare e accettare la propria vulnerabilità.

Erano le aspettative tradizionali riguardo alla mascolinità interiorizzate da Marco a determinare quali comportamenti fossero accettabili o meno. Ciò aveva creato un campo emotivo ristretto in cui si era proibito di «essere troppo emotivo».

La terapia è stata cruciale per permettere a Marco di comprendere come questi sintomi fossero direttamente collegati alle sue interiorizzazioni culturali ed esperienze infantili. Lavorando sulla decostruzione di tali aspetti, Marco sta imparando a navigare un'identità più equilibrata, che permette una più sana integrazione tra virilità ed emotività.

Il vero scandalo sta nel poter dire che Marco si è concesso il «lusso» di poter parlare con qualcuno di questi suoi fantasmi e questo lo ha protetto (proteggendo anche Laura) da una escalation che non si può prevedere che piega avrebbe potuto prendere. Dietro ogni femminicida si muovono tantissimi di questi aspetti che potrebbero sembrare banali, ma in realtà possono fare la differenza tra la vita e la morte, tra una separazione che si conclude in modo rielaborato e una coppia che resta imbrigliata in una spirale di odio, controllo e violenza che può finire molto male.

È necessario e urgente che ogniqualvolta un uomo si senta vittima di certe dinamiche psichiche possa trovare un luogo, come nel caso di Marco, dove poter parlare di queste tematiche, per liberarsi delle sue angosce e scongiurare la possibilità di diventare un carnefice.

Al di là della crisi del maschio, un altro elemento su cui si fondano le relazioni violente è una dipendenza emotiva o economica difficile da spezzare. Le vittime spesso sviluppano un attaccamento al partner, malgrado il comportamento abusivo, continuando a sopportare dei maltrattamenti nel tentativo di preservare la relazione. Da una prospettiva psicoanalitica, l'attaccamento che una vittima può sviluppare nei confronti di un partner abusivo è un fenomeno complesso, spiegabile attraverso la lente delle dinamiche intrapsichiche e relazionali.

Innanzitutto, si può esplorare il concetto di «legame trauma-dipendente» o «trauma bonding», una dinamica in cui la vittima si sente legata emotivamente al partner abusivo. Questo legame può essere rafforzato dai cicli di abuso e riconciliazione che frequentemente caratterizzano tali relazioni. Nel ciclo tipico dell'abuso, momenti di tensione culminano in un episodio di violenza, seguito da una fase di «luna di miele» in cui l'aggressore potrebbe mostrarsi affettuoso o pentito, promettendo cambiamenti. Questa alternanza di abuso e affetto può creare una dipendenza emotiva nella vittima, in cui le fasi positive rinforzano la speranza che la relazione possa migliorare, mentre le fasi negative si integrano in una normalità distorta.

Dal punto di vista psicodinamico, è da considerare l'impatto dei modelli di accudimento sviluppati durante l'infanzia. Queste esperienze infantili possono infatti influenzare il modo in cui la vittima percepisce l'amore e il legame, associandolo a sofferenza. In assenza di modelli sani di relazioni, la vittima può vedere il tentativo di mantenere il legame come una priorità assoluta, una sorta di copione relazionale familiare, seppur doloroso.

Nel tentativo di dare senso alle proprie esperienze e proteggere l'immagine del partner, la vittima può anche razionalizzare l'abuso, trovando giustificazioni o ridimensionando la gravità dei comportamenti violenti subiti. Tale meccanismo difensivo aiuta a mantenere coesiva la propria immagine interna del partner ideale, che la vittima spera torni a manifestarsi completamente nelle fasi positive della relazione.

Dal punto di vista esistenziale, il bisogno intrinseco di creare un senso di appartenenza e di confermare il proprio valore attraverso i legami può rendere difficile mettere fine a una relazione abusiva; la vittima può avere introiettato l'idea che solo attraverso l'accettazione del partner e il sacrificio possa trovare un senso o la giustificazione del proprio valore e scopo.

Oltre alle resistenze della vittima nella possibilità di contrastare gli abusi, a mio modesto avviso è altrettanto pericoloso un sistema sociale che dovrebbe essere una rete sicura, ma spesso non riesce a offrire il supporto necessario. La burocrazia, i pregiudizi e l'inefficienza a volte caratterizzano i sistemi giudiziari, permettendo agli aggressori di sfuggire alle loro responsabilità. Le leggi esistenti possono non essere applicate rigidamente, offrendo scarsa protezione alle donne.

C'è ancora una significativa mancanza di consapevolezza e sensibilità sulla violenza di genere. Gli stereotipi rigidi, la svalutazione delle esperienze femminili e una minimizzazione delle problematiche possono contribuire al fallimento del sistema nel proteggere adeguatamente le vittime.

Introduzione alle interviste

L'amore: tutti crediamo di conoscerlo, eppure continua a sfuggirci. In questa seconda parte, due interviste ci aiutano a svelare le sfumature di questo sentimento complesso, esplorando le esperienze, le contraddizioni e i significati che ognuno di noi gli attribuisce. Tra poco leggerete i miei dialoghi con due «ospiti illustri», le cui parole esplorano l'amore e la sessualità da prospettive uniche, eccentriche, a volte contrastanti.

Le nostre idee sull'amore si costruiscono giorno dopo giorno: osservando le relazioni dei nostri genitori, assorbendo racconti altrui e vivendo le nostre esperienze personali. Ogni individuo porta con sé un bagaglio unico di emozioni, ricordi e aspettative che influenzano profondamente la propria visione di cosa significhi amare. Non esiste una teoria universale dell'amore, ma solo le innumerevoli sfumature delle esperienze che ci attraversano.

L'immagine dell'amore che ci viene proposta dai libri, dai film, dalla musica e dai media in generale contribuisce a creare un ideale che spesso si scontra con la realtà quotidiana. Queste narrazioni alimentano un modello perfetto, idealizzato, che fatica a conciliarsi con la complessità e le contraddizioni del sentimento reale.

Attraverso queste interviste, non troverete regole su come amare o essere amati, né formule per comprendere tradimenti o sessualità. Troverete invece storie che raccontano cosa resta di noi quando l'amore ci attraversa. È grazie alla forza della narrazione che possiamo sfidare stereotipi e convenzioni, dando vita a una riscrittura collettiva più inclusiva, capace di accogliere la molteplicità delle esperienze d'amore.

Le interviste

Iniziamo con una conversazione con un avvocato specializzato in diritto di famiglia, noto per la sua schiettezza. Attraverso il racconto delle sue esperienze personali e professionali, ci guida nel labirinto delle relazioni intime, mostrando come il diritto intervenga in dinamiche apparentemente private. La sua prospettiva offre una lente preziosa per comprendere come la legalità influenzi le coppie e le loro sfide, in particolare quelle più comuni e diffuse nella società italiana.

Proseguiamo con una femminista settantenne, figura di spicco nella lotta per i diritti delle donne e la libertà sessuale. La sua voce sfida convenzioni radicate, offrendo una visione dell'amore come atto di autonomia e resistenza. Con il suo sguardo sul passato e sul presente, analizza le conquiste ottenute e le battaglie ancora aperte, gettando luce su come l'amore e le relazioni possano essere uno spazio di emancipazione personale e collettiva.

Una riflessione finale

Queste due voci, così diverse tra loro, ci regalano prospettive che arricchiscono il nostro modo di intendere l'amore. Ogni intervista aggiunge un tassello a un mosaico complesso e affascinante, stimolandoci a esplorare le molteplici definizioni di questo sentimento universale.

Che si tratti di conflitti, romanticismo o emancipazione, spero che queste storie possano offrirvi un'occasione per riflettere sulla capacità dell'amore di adattarsi e trasformarsi, rispecchiando la complessità della nostra esistenza. Perché non esiste di fatto una teoria dell'amore, bensì solo esperienza d'amore. E prospettive che possono aiutarci a illuminare la nostra.

Intervista ad Annamaria Bernardini de Pace

Annamaria Bernardini de Pace è un avvocato civilista specializzato in diritto di famiglia, saggista e giornalista pubblicista.

Annamaria, perché finiscono gli amori?

L'interruzione dell'attività sessuale è l'inizio della fine. Il tema della sessualità è centrale, perché l'intimità di pensiero nasce dall'intimità del corpo. La prima domanda che pongo a chi si sta separando è: «Da quanto tempo non avete rapporti sessuali?». La risposta non è mai «da tre mesi». Mi sento dire sempre «da tre anni», «da dieci anni», «da dodici anni». E alla fine emerge che ciascuno ha già costruito un'altra storia altrove.

Donne e uomini in modo diverso?

Gli uomini tendono a mantenere il legame con la moglie, soprattutto perché lei si occupa dei figli, gestisce la casa e l'organizzazione familiare. L'uomo vede nella moglie una figura di riferimento simile a una madre, e questo lo porta a sentirsi giustificato nell'avere anche altre relazioni parallelamente. Anche le donne tradiscono ma, quando trovano qualcuno che le fa sentire davvero appagate, spesso scelgono di separarsi per costruire una nuova vita di coppia. Le donne cercano un amore autentico nella relazione, cercano la separazione per poter vivere la vita con l'altro. Alle donne piace la vita di coppia come vita amorosa, agli uomini la vita di coppia come «economia domestica».

Ma immagino che le relazioni finiscano non solo perché tu decidi di tradire, ma anche perché scopri di essere stato tradito.

Certo, è quello che è successo anche a me. E mi chiedo sempre come si faccia a non chiudere una relazione, dopo averlo scoperto. Quando le donne restano nella relazione, nonostante il tradimento, di solito ci sono alla base altri motivi: lui è molto ricco e tu non puoi mantenerti o non puoi garantire ai tuoi figli lo stesso tenore di vita, e allora non lo lasci. Ma se sei molto indipendente economicamente lo molli subito. Se sei molto innamorata anche: lo lasci immediatamente.

Stai quindi dicendo che è più facile che una donna poco innamorata resti in una relazione, una volta scoperto il tradimento del compagno?

Certo, senza dubbio.

Com'è nata la tua passione professionale per questi temi?

Da Montanelli. E da un tradimento di mio marito. Non sessuale, ma progettuale. Il mio matrimonio era pieno di conflitti ideologici: lui era fascista, io femminista. Litigavamo di continuo, ma erano scontri stimolanti, pieni di discussioni politiche e culturali. Avevamo pianificato una vita insieme: lui, professore universitario, aveva iniziato anche a fare l'avvocato su mio suggerimento, mentre io mi occupavo della casa e delle figlie. Tuttavia, non stava mai con noi e scoprii che spendeva tutto ciò che guadagnava giocando ai cavalli. Questo ha distrutto il mio amore per lui, che fino a quel momento era stato molto forte. Ho smesso di amarlo di colpo. Rimasta con due bambine che erano la mia priorità, ma senza un lavoro e senza indipendenza economica, tornai a studiare, presi l'abilitazione come avvocato e, appena riorganizzata la mia vita, lo lasciai. Economicamente non era un periodo facile: non potevo stare in ufficio tutto il giorno, né permettermi aiuti casalinghi, così arrotondavo scrivendo articoli, vendendo vestiti, facendo qualsiasi cosa.

Un giorno Montanelli mi chiamò: aveva notato un mio articolo e mi propose di collaborare. Io fino a quel momento mi occupavo di diritto d'autore e diritto dello spettacolo, ma lui mi spronò a cambiare campo. In quel periodo iniziavano a emergere le prime sentenze della Cassazione legate alle riforme sul diritto di famiglia del 1975 e alle modifiche della legge sul divorzio. Montanelli mi disse: «Annamaria, il diritto di famiglia diventerà centrale. Nessuno se ne occupa, è il momento di specializzarti in questo campo». Montanelli aveva ragione: il concetto di matrimonio stava cambiando. Alberoni, con il suo libro *Innamoramento e amore*, aveva reso l'amore una condizione necessaria per il matrimonio, superando l'idea tradizionale di unione basata su doveri sociali e familiari. Montanelli mi spinse a lasciare il mondo dello spettacolo e a concentrarmi sulla famiglia e la coppia, un tema nuovo e ancora poco esplorato.

Nel 1989, dopo aver scritto molto sull'argomento e guadagnato credibilità, decisi di aprire il mio studio legale, il primo in Italia dedicato esclusivamente al diritto di famiglia e composto solo da donne. Non avevo reddito né garanzie, ma grazie alla fiducia che il mio lavoro sui giornali aveva generato, una banca mi concesse un mutuo. A febbraio 1989, il mio studio era operativo. Fu una grande conquista, un punto di svolta sia per me che per la professione legale in Italia.

E cosa hai capito del matrimonio lavorando con le donne, tra le donne?

Che erano proprio loro il problema del matrimonio. Mi spiego: un tempo le donne, non lavorando, erano costrette ad accettare tradimenti e umiliazioni, vivendo poi il fallimento della relazione come un fallimento personale. Oggi, invece, separazione e divorzio sono diventati scelte consapevoli. All'epoca, erano gli uomini a chiedere una separazione e solo quando un'amante pretendeva legittimazione, mentre le mogli subivano in silenzio. Per questo ho scelto di lavorare quasi esclusivamente con donne, aiutandole nelle separazioni e guadagnandomi la fama di essere brava a «ridurre i mariti in mutande». Fino ad allora le donne erano trattate dai giudici come babysitter di lusso, ricevendo assegni irrisori, indipendentemente dal reddito del marito. Il mio unico scopo, in realtà, è sempre stato far ottenere loro assegni equi. Ed è per questo che, negli anni Novanta, grazie a giudici illuminati, introdussi la consulenza tecnica dei commercialisti per analizzare il tenore di vita delle famiglie. Per la prima volta si iniziarono a differenziare gli assegni, distinguendo tra la moglie di un banchiere e quella di un bancario. È stato un passo fondamentale, e sento di aver dato un contributo importante alle donne italiane, lottando per maggiore giustizia e riconoscimento.

E cos'altro secondo te è cambiato nei rapporti di coppia dagli anni Ottanta a oggi?

Torno sul sesso e sulla sessualità, senza dubbio. A fine anni Novanta, sono emerse nuove variabili: gli uomini hanno iniziato a coinvolgere le mogli in pratiche che prima riservavano a prostitute o amanti, come il voyeurismo. Molte mogli, per salvare il matrimonio, hanno accettato queste dinamiche, ma spesso se ne sono pentite. Un caso emblematico fu una separazione complicatissima in cui un marito, per non pagare l'assegno alla moglie, esibì fotografie compromettenti di lei con altri uomini. L'arrivo dei telefonini, sempre negli anni

Novanta, ha accentuato questa dinamica, rendendo più facile documentare e diffondere certe situazioni. Ho iniziato a vedere in tribunale foto compromettenti di mogli con altri uomini o donne. Quando chiamavo le clienti per chiedere spiegazioni, loro, in lacrime, raccontavano di essere state costrette dai mariti a fare queste cose per evitare la separazione o per tenere in piedi il matrimonio. Per smascherare questi uomini, ho coinvolto investigatori privati e avviato verifiche accurate. Ho anche richiesto copie forensi dei telefonini da cui provenivano le foto, dimostrando che erano state scattate dai mariti stessi e non da detective, come loro sostenevano. In questo modo, ho smascherato parecchi di questi comportamenti manipolatori e abusivi.

Di conseguenza, è cambiato anche il modo in cui certi uomini vivono le loro perversioni, passando a una fase in cui costringono le mogli a parteciparvi.

Molti uomini iniziavano a chiedere alle mogli di partecipare alle loro fantasie, e queste, per paura di perderli, accettavano, anche se non erano costrette apertamente. Con il tempo, l'accesso a film erotici, grazie alla televisione, ha alimentato una sessualità più fantasiosa, ma spesso è stato anche motivo di separazione. Inizialmente, le coppie guardavano questi film insieme, ma poi alcuni uomini diventavano ossessionati, preferendo passare le serate davanti alla tv piuttosto che a letto con la moglie. In pratica, sceglievano il «self-service» piuttosto che condividere il «pranzo in comune».

E sul versante femminile? Ci sono stati cambiamenti nella sessualità delle donne che hanno influenzato il rapporto di coppia?

Sicuramente sì. Dopo il Duemila ho osservato un aumento significativo nel numero delle donne che intraprendono relazioni con altre donne, spesso mascherate da «amicizie del cuore». Erano situazioni in cui il marito era felice che la moglie avesse una compagna per andare in vacanza o per ricevere aiuto con i figli, senza sospettare nulla. Un caso emblematico è stato quello di un bambino di dodici anni che ha scoperto sua madre e la sua «amica del cuore» in un momento intimo. La relazione tra le due donne era iniziata quando lui era piccolo, durante vacanze condivise. Dopo quella scoperta, il bambino si è allontanato dalla madre e ha rifiutato di vederla, mostrando come questi eventi possano avere un impatto profondo non solo sulla coppia, ma anche sui figli.

È come se la donna avesse potuto vivere con maggiore serenità quel suo lato un po' bisessuale o omosessuale che un tempo non era scoperto.

Adesso ci sono tantissime separazioni per la bisessualità della donna e per la bisessualità dell'uomo.

Freud del resto diceva che siamo tutti bisessuali. E, lasciando per un attimo da parte la camera da letto e il tema della sessualità, che come giustamente sottolinei è centrale, ci sono state evoluzioni nel modo di vivere il rapporto di coppia, nello stare insieme, nel pro-

gettare una vita condivisa o nel cercare rispecchiamento nell'affetto? Sono cambiate le regole del gioco affettivo?

Innanzitutto, dopo il matrimonio, la genitorialità, soprattutto per le mogli, prevale, cambiando ritmi e priorità e creando tensioni nella coppia. E, anche in assenza di figli, il matrimonio in sé sembra essere più incentrato sulla festa che sulla relazione. L'attenzione va agli addii al nubilato, alla cerimonia, ai dettagli scenografici con costi esorbitanti. Mi colpisce vedere coppie che si separano dopo pochi anni, ma che stanno ancora pagando il mutuo del matrimonio, spesso più dedicato all'apparenza che alla sostanza del rapporto.

Tra tante storie di coppie e separazioni, qual è quella che ti ha più colpita?

La mia, Leonardo. Ho sempre desiderato un matrimonio che durasse tutta la vita: un compagno per la vecchiaia, una famiglia unita con i nonni insieme per i figli. Ma non ho nulla di tutto questo. Era il sogno della mia vita, costruito con amore e progettualità. Ero profondamente innamorata di mio marito, e ancora oggi, al pensiero, mi commuovo. Per me, il vero tradimento non è stato sessuale, ma la mancata realizzazione del progetto condiviso. Quando ho scoperto che quest'ultimo non c'era più, è stato come spogliarmi di una pellicola che mi proteggeva: mi sono sentita nuda, vulnerabile. Una coppia funziona solo se c'è una visione comune, un futuro condiviso.

Ti capita mai che arrivi la coppia da te? Magari per salvarsi e non per separarsi?

Certo. E la prima cosa che domando è: «Perché vi volete separare? Che cosa vi ha deluso l'uno dell'altra?». E spesso, prima di procedere, propongo una prova. Li mando da uno psicologo che è stato capace di aiutare molte coppie a ritrovarsi. Su venti-trenta coppie, almeno una decina sono tornate insieme. Questo perché a volte la voglia di separarsi nasce da un equivoco o da aspettative irrealistiche. Le persone devono capire che la vita di coppia evolve: i progetti, i ritmi e persino la sessualità cambiano con il tempo. Ho incontrato una donna di sessant'anni che, dopo quarant'anni di matrimonio, diceva che il sesso con il marito era migliorato: più lento, più attento, più appagante. Quando c'è amore, tutto può adattarsi e trasformarsi.

Se la terapia non funziona e tornano da me, li separo fisicamente: ognuno in una stanza, e chiedo a entrambi di descrivere la loro vita separata, compresi i figli. Poi leggo ad alta voce i loro piani e metto in evidenza i punti in comune. Spesso scopro che, pur non andando d'accordo come coppia, trovano un'intesa nella separazione, perché molti dei loro obiettivi coincidono. Questo diventa la base per un accordo equilibrato. Anche perché alla base del mio progetto, se ci sono figli c'è sempre un obiettivo: vi separo come coniugi o come partner, vi alleo come genitori.

Quindi l'amore può sgretolarsi, ma la fiducia nell'altro restare.

L'amore si basa sulla fiducia, che è il suo piedistallo: se la fiducia si sbriciola, anche l'amore crolla. Tuttavia, può accadere che, per tanti motivi, l'amore si consumi, mentre la fiducia rimane. Questo può succedere quando le persone si comportano con sincerità, ad esempio avvisando di un tradimento imminente. Se uno torna a casa e dice «Sai, oggi ho avuto paura di tradirti perché mi piaceva un'altra persona», la fiducia può persistere. Si può affrontare insieme la situazione, magari con l'aiuto di uno psicologo, e decidere se andare avanti o separarsi, ma sempre con rispetto reciproco. Anche quando l'amore finisce, spesso rimangono alleanze importanti: come genitori, come colleghi di lavoro o semplicemente come persone che si rispettano. Non tutti i rapporti terminano in conflitto: ci sono casi di stima reciproca, come la cantante Annalisa che ha cantato al matrimonio del suo ex fidanzato.

Per non fare morire la sessualità in una coppia, secondo te, che si deve fare?

Bisogna attivarla ogni giorno, ricordandosi di essere prima di tutto uomo e donna, e non solo genitori o lavoratori. Ho suggerito a una coppia in crisi di sessualità di dividere la camera da letto con una porta scorrevole: ognuno dormiva nel proprio letto, ma quando uno dei due desiderava l'altro, andava senza vergogna.

Questo piccolo cambiamento ha trasformato il loro matrimonio. Il segreto era prepararsi al momento: lei si sistemava, si profumava, si metteva la crema, e anche lui faceva lo stesso. Questo ridava importanza al desiderio, cosa che spesso si perde nella routine quotidiana, quando ci si butta stanchi a letto senza pensarci, magari senza nemmeno avere la forza di lavarsi i denti.

Secondo te, una coppia fa bene a non separarsi per tutelare il bene dei figli?

Ho visto bambini felici della separazione perché, improvvisamente, hanno iniziato a godere della presenza del padre. Prima lo vedevano solo a casa, ma era sempre assente. Con la separazione, il padre ha dovuto organizzare la sua vita intorno al figlio, anziché dedicarsi solo a se stesso o al lavoro per mantenere la famiglia. Ho sentito figli adulti dire: «La separazione dei miei genitori è stato il momento più bello della mia vita, perché ho finalmente iniziato a vivere con mio padre».

Intervista a Elisabetta Manca di Nissa

Elisabetta Manca di Nissa è una femminista, presidente dell'associazione Voci dell'anima. Interno ed esterno, privato e pubblico, personale e politico si intrecciano indissolubilmente nelle sue parole. Come nella sua vita: dall'esperienza di ragazza che lotta per i diritti, a quella di madre che di fronte all'anoressia della figlia non si arrende e cerca non solo di salvare lei, ma mette le sue energie a disposizione degli altri, aiutando i figli di tutte attraverso la sua associazione.

Quando hai sentito parlare per la prima volta di femminismo?

Erano i primi anni Settanta e qui a Cagliari si era formato un collettivo femminista. Si sentiva forte il bisogno di confrontarsi, partendo dalle nostre difficoltà di donne. Io avevo poco più di vent'anni, ma tutte – dalle più giovani alle più mature – provenivamo da un contesto familiare fortemente segnato dalla sessuofobia: il sesso era un argomento tabù e i rapporti sessuali al di fuori del matrimonio erano considerati inaccettabili. Questo ci ha costrette, nel tempo, a confrontarci con molti miti e luoghi comuni che abbiamo cercato di decostruire.

Ma soprattutto, abbiamo affrontato queste tematiche partendo dalla nostra esperienza personale: dalle nostre vite, dai nostri problemi e dalle nostre sofferenze. Il punto di partenza è stato l'autocoscienza, un processo fondamentale che ci ha permesso di mettere in comune le nostre storie, creando relazioni profonde e arricchendoci grazie alle esperienze delle altre donne.

Questo ci ha anche aiutate a riconoscere elementi comuni nelle nostre vite, come la dipendenza dagli uomini, non solo economica, ma soprattutto psicologica. Molte di noi non lavoravano e dipendevano dai padri, dai mariti o dai fidanzati, ma il peso maggiore era quello di sentirsi di appartenere a qualcuno, come se la propria identità fosse legata all'altro. Liberarsi di questo senso di appartenenza e di subordinazione è stato uno dei percorsi più difficili e faticosi che abbiamo affrontato.

E come ti sei avvicinata a questo collettivo?

In quel periodo facevo teatro, un teatro militante. Ricordo una Festa dell'Unità in cui, durante una delle nostre esibizioni, ho iniziato a cantare: «Sei-otto ore, vi sembran poche? Provate voi a lavorare!». Dal pubblico si è levata una voce maschile che ha gridato: «Oh, bagassa!». Tra le risate generali, io mi sono sentita profondamente colpita. In quel momento ho capito tutto: quello che provavamo a fare non serviva a niente. Io mi dedicavo anima e corpo (lavoravo tutta la settimana, provavo il sabato e la domenica e poi ci esibivamo nelle piazze), l'intento era incontrare le masse popolari per sensibilizzarle: ma per cosa? Per essere offesa pubblicamente da qualcuno che mi dava della «bagassa» solo perché stavo cantando?

Quell'episodio mi ha fatta entrare in crisi, ma il malessere era già nell'aria. Nei gruppi politici, le donne erano sistematicamente emarginate: ci relegavano a ruoli secondari, le famose «vestali del ciclostile». Pulivamo sale, facevamo fotocopie, ma venivamo considerate poco sul piano del pensiero politico. C'era una realtà pubblica che andava affrontata.

E poi c'erano anche le storie private, d'amore: quasi tutte infelici, un disastro. Io passavo il tempo a piangere per qualche relazione che non funzionava. Alla fine mi sono detta: «Ma davvero devo passare la vita così?». E da lì, qualcosa ha cominciato a cambiare.

Quindi, da un lato, c'era la consapevolezza politica: eravate donne attive in un partito di sinistra, in un contesto progressista, eppure continuavate a essere marginalizzate proprio in quanto donne. Dall'altro lato, vivevate il dramma personale di amori insoddisfacenti, relazioni che vi facevano soffrire e vi lasciavano incomplete. Era un disastro su entrambi i fronti, politico e sentimentale. Che situazione interessante per uno psicoanalista...

Per noi un po' meno! [Ride] Un vero disastro. Però di qua siamo partite con la voglia di cambiare il mondo: il nostro, innanzitutto, per poi migliorare quello di tutte. Infatti, in breve tempo, abbiamo preso contatti con i gruppi di donne che nascevano in tutta Italia e poi anche in Francia e abbiamo lavorato per anni tessendo reti e relazioni. Se dovessi ora riassumere i grandi temi che hanno formato il mio percorso da militante femminista, direi che sicuramente il tema della sessualità è stato il più centrale. Poi, anche se non è stato indagato a fondo, il tema della maternità ha avuto una sua rilevanza. E, in generale, la libertà, che include un po' tutti questi aspetti, e l'identità. Ma davvero, la sessualità è stata la questione più centrale.

E, nella tua esperienza di donna e di madre, questi temi sono stati modificati dalla tua pratica militante? Cioè, tu eri partita da un'idea di maternità, sessualità, libertà di un certo tipo e poi, immagino, queste idee sono cambiate nell'incontro con il femminismo.

Moltissimo, direi. Le cose sono cambiate molto. Mi sono conquistata un tempo per me, che non era scontato. Prendi il concetto di maternità, improntato allora sull'idea di totale dedizione, sacrificio, come se fosse naturale rinunciare a tutto. Invece io ho capito di poter essere madre ma anche donna, con una vita propria, con il lavoro, con le relazioni, con l'impegno. Tutto questo ti tiene ancorata a te stessa, continua a farti sentire viva, ti permette di restare in piedi quando i problemi della vita sembrano metterti a tappeto. E poi è cambiato il senso della mia identità: mia madre mi aveva ripetuto per tutta la vita che non ero «un genio» e proprio il volermi sganciare dai miei ha fatto sì che mi trovassi un lavoro il prima possibile e, pensa, in barba ai pronostici materni, ho studiato e sono finita a fare l'insegnante. Senza la pratica del femminismo, la ricchezza delle relazioni con altre donne e le consapevolezze che ne sono derivate non sarei quella che sono. La consapevolezza è il lascito più grande del femminismo.

Quale consapevolezza?

Quella di sentirsi parte di una storia che ti ha danneggiata, che non ti ha riconosciuta davvero: questa consapevolezza ti cambia. Mettere in discussione noi stesse, affrontare fragilità e dipendenze, ci ha rese più forti, più consapevoli del mondo e delle relazioni. Il femminismo è stato illuminante, una chiave per capirci e riconoscerci in una storia comune. Questa capacità di guardarsi negli occhi e trovare un legame è fondamentale per le donne. Io l'ho riscoperta nell'associazione, ma oggi si sta perdendo. La colpa? Forse dei nostri telefonini, dei social e della politica che ci separa invece di unirci.

Tu hai una figlia, Marianna, di trent'anni. Cosa sei riuscita a trasmetterle di tutta questa esperienza?

Me lo chiedo spesso anch'io. Credo di averle trasmesso molto, anche se non sempre è evidente. Ho cercato di dimostrarle con la mia vita ciò che volevo insegnarle: sono stata un esempio di donna libera, attraverso gesti e scelte concrete, oltre che con le parole. Tuttavia, il mondo esterno ha un'influenza potente, e non tutto ciò che trasmettiamo viene accolto facilmente, perché si scontra con insicurezze e fragilità individuali.

O forse a Marianna, come a molte ragazze della sua età, è solo mancato uno spazio collettivo di confronto e crescita?

Questo è il vero disastro di oggi: i giovani sembrano persi, senza un progetto, privati di ogni prospettiva. Ci hanno tolto tutto. I sogni, le lotte, quel senso di poter cambiare il mondo che dava significato alla nostra vita. Noi ci credevamo, abbiamo combattuto, abbiamo vissuto con un'etica forte, guidati dall'idea di costruire un futuro diverso. E ora? Non c'è più nulla da cambiare, perché l'impianto di potere economico ha soffocato tutto. Il messaggio che abbiamo cercato di trasmettere alle generazioni successive, ai nostri figli e figlie, è stato schiacciato dal discorso dominante della società e del sistema attuale, che ne ha annientato la potenza.

Quando dici che il sistema ha trasformato i messaggi delle lotte come il femminismo, mi viene in mente il tema del corpo. «Il corpo è mio, me lo gestisco io» era una battaglia legata all'autodeterminazione, ma mi chiedo se quel messaggio sia stato davvero accolto o se sia stato assorbito dal sistema. Penso alle ragazze che soffrono di disturbi alimentari, per le quali questa frase diventa pericolosa e autodistruttiva, trasformando l'autodeterminazione in una lotta contro se stesse.

Il corpo è diventato la nuova schiavitù, una gabbia per tutti, uomini e donne. Ma occorre contestualizzare quella frase: nasceva in risposta alle tematiche legate all'aborto. E allora un conto è rivendicare la libertà di gestire la maternità, un diritto fondamentale per la donna, tutt'altro è vivere il corpo come se fosse tutto, riducendo l'identità a un aspetto fisico, come se l'espressione umana si limitasse solo a quello.

Quindi mi stai dicendo che la battaglia femminista si concentrava sul corpo come simbolo di libertà, come teatro per poter affermare la libertà...

Oggi, invece, è il contrario. E dalla libertà siamo passati alla galera. Il corpo è ossessione, e lo è per tutte, anche per le donne che si considerano «sane», non solo per chi soffre di disturbi alimentari. La nostra società idolatra la magrezza, anche a costo della salute: quando mi sono ammalata e sono dimagrita moltissimo, nessuno mi ha mai chiesto come stessi, ma tutti mi facevano i complimenti per i chili persi.

Che cosa diresti a una giovane ragazza oggi?

Che le lotte individuali non bastano: bisogna trasformarle in azioni politiche per cambiare il mondo. Se le rivendicazioni rimangono sul piano solo personale, non hanno un vero impatto. Tornando al tema del corpo, pensa al massiccio ricorso alla chirurgia plastica, che ormai fanno anche da giovanissime: ho paura che in molte non comprendano il danno che potrebbero infliggersi e che non siano davvero consapevoli di chi o cosa stiano cercando di compiacere. Per me, il femminismo deve passare dall'accettazione di sé, non dal conformarsi a ideali estetici esterni. Occorre tornare a guardarsi negli occhi, mettersi attorno a un tavolo, incontrarsi. Lasciarsi trasformare dall'incontro con l'altro. La relazione: ecco, per me, è questa la chiave e la ricchezza del femminismo. Lasciamo schermi e messaggini, torniamo a guardarci.

Note

[1] Carlo Michelstaedter, *La persuasione e la rettorica*, Adelphi, Milano 1982, p. 23.

[2] Joyce McDougall, *A favore di una certa anormalità*, Borla, Roma 1992, p. 89.

[3] Dietrich Bonhoeffer, *Gli scritti (1928-1944)*, Queriniana, Brescia 1979, p. 401.

[4] Sigmund Freud, *Introduzione al narcisismo*, Bollati Boringhieri, Milano 2012, p. 122.

[5] Ovidio, *Le metamorfosi*, Garzanti, Milano 1995, Libro III, vv. 339-510.

[6] Sigmund Freud, *Opere: La Femminilità*, in *Nuove conferenze di introduzione alla psicoanalisi*, 1932-1933.

[7] Anne Campbell, *A Mind of Her Own: The Evolutionary Psychology of Women*, Oxford University Press, Oxford 2002.

[8] Lou Andreas-Salomé, *Il Narcisismo come doppio orientamento*, in *La materia erotica. Scritti di psicoanalisi*, Editori Riuniti, Roma 1985.

[9] Euripide, *Medea*, Einaudi, Torino 2003, vv. 1329-1339.

[10] Si veda in rete: https://www.istat.it/comunicato-stampa/matrimoni-e-unioni-civili-anno-2018/.

[11] U.S. Census Bureau, si veda in rete: https://www.census.gov.

[12] Jacques Lacan, *Il Seminario – Libro VIII. Il Trasfert*, Einaudi, Torino 2008, p. 154.

[13] Platone, *Il Simposio*, Laterza, Bari-Roma 2008, p. 75.

[14] Ivi, p. 81.
[15] Ivi, p. 82.
[16] Si veda in rete: https://tg24.sky.it/mondo/2022/05/19/george-bush-iraq-video.
[17] Gilles Deleuze, Félix Guattari, *L'anti-Epido*, Einaudi, Torino 2002, p. 1.
[18] Si veda in rete: https://www.natsal.ac.uk.
[19] Si veda in rete: http://gss.norc.org.
[20] Giuliano Piazzi, *La ragazza e il direttore*, Franco Angeli, Milano 1999, p. 39.
[21] Herbert Marcuse, *L'uomo a una dimensione*, Einaudi, Torino 1964, p. 34.
[22] Ivi, p. 36.
[23] Cantico dei Cantici, 1:2.
[24] Ivi, 8:6.
[25] Ivi, 4:15.
[26] Ivi, 4:12.
[27] Hafez, *Ottanta canzoni*, Einaudi, Torino 2008, p. 15.
[28] Farid Attar, *Muslim Saints and Mystics*, Routledge, Londra 1990, p. 23.
[29] Jalâl Al-Din Rumi, *Poesie mistiche*, Rizzoli, Milano 1980, p. 30.
[30] Ivi, p. 34.
[31] Leonardo Mendolicchio, *Fragili. I nostri figli, la generazione perduta*, Solferino, Milano 2023.

Indice

Finito di stampare nel mese di gennaio 2025
per conto di RCS MediaGroup S.p.A.,
da Rotolito S.p.A., Via Sondrio, 3, Pioltello (Milano)
Printed in Italy